宗教消滅

資本主義は宗教と心中する

島田裕巳

SB新書
332

はじめに

人類の誕生は、600万年前から700万年前のこととされている。

その時代に原初の人類がどういった精神生活を送っていたのか、それを見極めることは難しい。

したがって、宗教の始まりをどこに求めるかは、明らかにすることが非常に難しい問題で、人類の始まりとともに宗教が誕生したのかどうか、それを見極めることはできない。

しかし、宗教の存在しない国や民族というものは、これまで発見されておらず、どこかの時点で、宗教に結びつくような精神活動が始まったことは間違いない。人類は、相当に古い時代から宗教と付き合ってきたのである。

古代から中世にかけては、宗教が圧倒的な権威として君臨し、社会生活全般を統制する役割を担っていた。

それは、世界全体に共通してみられたことであり、日本もその例外ではなかった。

しかし、近世から近代にかけて、社会が大きく変化していくと、やがて宗教的な権威は力を失っていく。

科学技術の進歩は、宗教に依存せずとも生活が成り立つことを可能にしていった。近代に入るまで、病を治すというときに、宗教による信仰治療にかなり頼っていたが、それを必要としなくなったのである。

ただ、だからといって宗教が完全に力を失ってしまったというわけではない。

近年になっても、宗教の復興という動きが生じており、イスラム教の復興は世界に大きな影響を与えてきた。

あるいは、経済発展が続く国で、宗教への関心が高まっているということもある。日本でも、戦後において、新宗教がその勢力を拡大し、巨大教団へと発展していった。

混迷を深める現代社会において、宗教への関心がふたたび高まっており、これから新たな宗教の時代が訪れてきたという声もある。日本で、「モノからこころの時代へ」の転換が言われるのも、それと関係する。

しかし、根本的には、今の状況は、宗教が消滅する方向にむかっているように見える。

本当にそれは事実なのか。

事実であるとしたら、それは、人類にとってはじめての経験になるにちがいない。
今、宗教消滅という事態はどのような形をとっているのか。
その原因はどこに求められるのか。
これから考えようとするのは、そうした極めて重要な問題なのである。

宗教消滅　資本主義は宗教と心中する　目次

2章 ヨーロッパが直面する宗教の危機

3章 世界同時多発的に起きる「宗教消滅」

6章 急速に衰退する日本の宗教

7章 宗教なき日本、いかに生きるべきか？

終章　恐るべき未来――高度資本主義が、宗教と人類を滅ぼす日

序章

今、日本で宗教消滅の兆しが見られる

ＰＬ花火の衝撃

２０１４年の8月1日、私は新幹線で新大阪へ向かった。新大阪駅の近くにある研修施設で、これから海外留学をしようとしている大学生たちに講演をするためである。

用事はそれだけだったが、せっかく8月1日に大阪へ行くのだから、富田林市に本部をおく新宗教のＰＬ教団が開催する「教祖祭ＰＬ花火芸術」に、家族を連れていこうと考えた。これは、亡くなった初代教祖の遺言にもとづいて行われるもので、ＰＬ教団にとっては、宗教的な意義を有しているものだが、その規模は格段に大きい。

私は、30年くらい前に一度、この花火の打ち上げを見たことがあった。フィナーレで、おびただしい数の花火が続々と打ち上げられ、空が真っ赤に焼けたようになったのには、度胆を抜かれた。その経験があったので、家族にも機会さえあれば、是非見せてやりたいと思っていたのである。

今回は、事前に有料の観覧場所のチケットまで手に入れていた。私たちが着いたときには、そこには、すでに多くの人たちがつめかけていて、花火の打ち上げを今や遅しと待ちかまえていた。

その観覧場所からははっきりと見ることができなかったのだが、花火の打ち上げが始まる前には、別の場所で神事が執り行われていた。そこで奏でられる雅楽のような音楽が風に乗って聞こえてきた。ＰＬ教団は神道系の教団である。

花火の打ち上げが始まると、音とともに空には次々と花火の大きな輪が咲き、観覧場所からも歓声が上がった。私の家族も、やはり歓声を上げながら、迫力のある花火を喜んでいた。

ただ、私のなかには、次第にかすかな不安が広がるようになっていた。「こんなものだったのだろうか」という疑問が浮かんできたからである。

30年前に見たときには、フィナーレに突入する前までの段階でも、花火の数の多さに圧倒されていた。

その感覚が、今回はないのだ。

フィナーレに突入すると、疑問はいっそう強いものになった。フィナーレはあっけなく終わってしまい、空が真っ赤に焼けたようにはならなかったからである。

それでも家族は、「すごい」という感想を漏らしていた。ところが、私たちの後ろにいた男性も、連れの女性に対して、花火から迫力が失われたことを嘆いていた。その声は、駅に戻る途中、ほかでも聞いた。

ＰＬ花火芸術は、大阪の風物詩になっているくらいで、花火大会としては相当に豪華で派手なものである。

けれども、以前に感じた、途方もないものを見せられたという感覚は、今回はまったく湧いてこなかったのだ。

24年間で信者数、半減

翌日、大阪の宿泊先で新聞を見てみると、打ち上げられた花火の数は1万4000発となっていた。私が最初に見たときは、12万発と言われていた。ただし、それ以降、数え方が変わり、ここのところ2万発となっていた。2万発と1万4000発では、相当に規模が違う。

私はこの出来事に接して、家族を連れてくるほどではなかったと後悔する一方で、ＰＬ教団は経済的にかなり苦しくなっているのではないかと感じた。

花火は神事として営まれるもので、その費用は教団側の持ち出しである。一度の花火にいったいどれだけの費用がかかるのかはわからないが、2万発の花火を打ち上げるとしたら、それは相当の額になるはずだ。

しかも、その後、PL教団が創設したPL学園の野球部が廃部の危機にさらされているというニュースが飛び込んできた。PL学園といえば、甲子園の名門であり、数多くの優れたプロ野球選手を生んできたことでも知られる。

野球部自体のあり方が問題になったようだが、その背後には、教団の現状が影響しているとの報道もあった。要は、教団が衰退していることが、野球部の廃部という危機的な事態を生み、花火大会の規模の縮小へと結びついたようなのだ。

調べてみると、どうやらPL教団の衰退は間違いない事実のようだった。

宗教団体の信者数というものは、なかなか調べがつかないもので、少なくとも、日本全体の宗教をすべて網羅したような調査は存在しない。

ただ、それぞれの宗教団体は宗教法人を組織している。宗教法人を所轄《しょかつ》している文化庁の宗務課では、毎年、『宗教年鑑』というものを刊行していて、そこには、各教団の信者数が掲載されている。『宗教年鑑』は、ぎょうせいから市販されていたが、現在では文化庁のホームページにPDFで掲載されている。

一つ問題なのは、この信者数は、それぞれの教団が申告したものをそのまま載せたものだということだ。いわば「自称」の数字である。それでも、『宗教年鑑』平成2年版では、PL教団の信者数は、181万2384人となっていたのが、平成26年版では92万2367人と大きく減少していた。この24年間に、PL教団の信者数は、ほぼ半減しているのである。

新宗教の力が衰える

教団の自己申告である以上、数字を操作して、信者数を誇張することだってできるはずだ。実際、どう見ても、そうした操作を行っているとしか思えない教団もある。

また、信者数を申告しなくても、それでお咎《とが》めを受けるわけではないので、そもそも数を申告していない教団もある。

にもかかわらず、PL教団は、教団が衰退していることを示す数字を公表しているわけである。

さらに調べてみると、PL教団では、ここ数年、あるいは十数年にわたって、支部の整理統合を行ってきたことがわかってきた。

支部というものは、新宗教にとって極めて重要なものである。そこには、新宗教に独特な仕組みが影響している。

ある支部に属している人間が誰かを勧誘し、その人間を新しく信者にした場合、新しい信者は、勧誘した人間が属している支部に所属することになる。

たとえば、横浜支部に属している信者が、千葉県に住んでいる人間を勧誘しても、千葉の新しい信者は、千葉にある支部に所属するのではなく、横浜支部に属することになる。つまり、同じ支部に属している人間同士の関係は、かなり緊密であって、切っても切れない関係にあるわけである。

とくに、支部長にはカリスマ的な魅力のある人間がなっていることが多い。そうでなければ、支部を大きくすることはできない。その支部長が、本部に対して反抗し独立するというときには、支部全体が、支部長についていくことになりやすい。要は、支部ごとにミニ教団を形成しているようなものなのである。

その支部を整理統合するということは、支部のメンバー同士の緊密な関係を断ち切ることにもなりかねない。それは、教団の衰退が著《いちじる》しいときにしか行われない非常手段なのではないだろうか。

組織というものは、拡大していくときもあれば、衰退していくときもある。

宗教の世界についても、そうした拡大と衰退は、さまざまな形でくり返されてきた。その点では、PL教団の衰退も、格別珍しいことではないのかもしれない。

しかし、衰退しているのが、PL教団だけにとどまらないということであれば、その意味は違ってくるはずだ。

日本社会の変容と宗教消滅

PL教団の場合と同じように、『宗教年鑑』の平成2年版と、26年版を比べてみると、大幅に信者数を減らしている教団が他にもあることがわかった。

PL教団は、大阪の富田林市に本部があり、その勢力は関西を中心とした西日本に広がっている。PL教団が戦後、急速に拡大していく以前に、関西圏を中心に大きな勢力を保持していたのが、新宗教の草分けといえる天理教である。天理教は、「民衆宗教」と位置づけられることも多い。

その天理教も、平成2年版の180万7333人から、平成26年版では116万9275

人に減少していた。教団の規模が、3分の2に縮小しているのである。

一方、東京を中心とした東日本で大きな勢力を誇ってきたのが立正佼成会《りっしょうこうせいかい》と霊友会《れいゆうかい》である。

立正佼成会の場合には、同じ期間、633万6709人から308万9374人とほぼ半減しており、霊友会になると、316万5616人から136万9050人と、半分以下に縮小している。

立正佼成会は、霊友会の信者だった2人の人間が興した教団で、どちらも日蓮系、法華系の教団である。この二つの教団と同じように、日蓮系、法華系として戦後、急拡大したのが創価学会である。

創価学会では、信者数を世帯単位で公表し、その数はずっと827万世帯のままなので、信者の増減がわからないが、世帯数がここのところまったく増えていないところに、組織の停滞が暗示されているように思える。

創価学会の場合、信者になった人間には、日蓮が「南無妙法蓮華経《なむみょうほうれんげきょう》」を中心に書いた本尊曼陀羅《ほんぞんまんだら》を模写したものが授与される。それは一世帯当たり一枚授与されるので、信者数は世帯を単位に数えられている。

創価学会では、入会金も月々の会費もないため、一度、本尊曼陀羅を授与された後、信者であることを止めたのかどうかは、はっきりしない。したがって、827万という数字は、本尊曼陀羅を授与されたことのある家庭の数と考えていいだろう。

その数が増えていないということは、少なくとも、新しい信者を獲得できていないことを意味する。

現在の日本の社会において、新宗教が大幅に衰退しているからといって、多くの人は何の問題も感じないかもしれない。自分たちの生活には直接関係がないからである。

しかし、ここまであげてきた新宗教の教団が、天理教を除いて、皆、戦後に急速に拡大していったことを考えると、そこには、日本の社会が変容をとげつつあることが示されているように思える。

社会が変わってきたからこそ、新宗教の力が衰えているのではないか。そう考えられるのである。

本書の目的と意味

しかも、衰退しているのは新宗教だけではない。既成宗教の方も、仏教だろうと神道だろうと、やはり衰退の兆しが見えている。

たとえば、２０１５年、真言宗《しんごんしゅう》の本山である高野山《こうやさん》は開創１２００年を迎え、50日間にわたって法会《ほうえ》が営まれた。その間の参拝者の数は約60万人で、高野山の側は、事前の予測の倍近くに達したと発表していた。

それを聞くと、高野山に対する信仰は高まりを見せているかのように受け取られるだろう。なにしろ予想を上回ったと発表されているからである。

ところが、事前の予想は30万人で、この参拝者数の予測はあまりに少なかったともいえるのだ。というのも、１９８４年に開かれた「弘法大師御入定《こうぼうだいしごにゅうじょう》１１５０年御遠忌大法会」の際には、参拝者の数は１００万人に達していたからである。予測の倍になったとはいっても、実際には参拝者は１９８４年と比べて、４割も減少していることになる。

神道の世界では、２０１３年に伊勢神宮で20年に一度の式年遷宮《しきねんせんぐう》が行われた。その年の参拝者は、内宮《ないくう》、外宮《げぐう》と合わせて１４００万人に達した。これは、至上最高の参拝者の数である。

続く14年も１０００万人を超えた。だが、15年は、１０００万人を大きく下回った。15年は、正月三箇日の参拝者が、約41万８０００人で、前の年より20万人近く減少していた。

遷宮で一挙に増えた参拝者数は、やはり一時のことだったのである。

日本の宗教界全体を見回してみると、いつの間にか、景気の悪い話ばかりが聞こえてくるようになった。日本の宗教は確実に衰退の兆候を示しているのだ。


では、世界ではどうなのだろうか。本書では、日本だけではなく、世界における宗教の現状を押さえ、その意味を探ろうと考えている。

世界に目を向けてみると、衰退の兆候も見えるが、一方で、地域や国によっては宗教が以前よりも盛んになっているところがある。あるいは、古い信仰が衰え、新しい信仰が台頭しているところもある。

なぜ、そうした事態が生じているのか。

そこには、政治と経済の問題が深くからんでおり、状況はかなり複雑である。

何より、資本主義のあり方と宗教の興廃とは、密接な関係をもっている。宗教の今を考えることは、資本主義の今を考えることでもあるのだ。

1章

宗教の未来を予見するための重要なセオリー

宗教と経済の関係

序章において、日本の宗教が、新宗教でも、既成宗教でも衰退の気配を見せ、危機に陥っていることについて述べた。

宗教消滅は、ニュースなどで取り上げられることは少ないし、その全体をウォッチしている人もほとんどいないので、それほど注目されたりしない。

だが、宗教消滅は日本に限らず、世界中で起きつつあることなのだ。

世界の宗教について話を進める前に、一つ頭に入れておかなければならないことがある。

宗教と経済には、一つの「セオリー（理論）」が存在するということである。

現在の社会においては、「経済」がとくに注目を集めている。

経済のグローバル化が進展するなかで、経済現象は複雑化し、それが私たちの生活にも多様な形で影響を与えるようになってきた。

そうしたグローバル経済の動向に対してどう対処していくのか、現代の政治の課題はそこにある。その点で、経済と政治は密接不可分な関係にある。

しかし、ここで問題にする宗教も、経済や政治の動きとやはり連動しており、強い影響を受けている。あるいは逆に、宗教が、経済や政治に大きな影響を与えているという面もある。

宗教というと日本人は、こころの問題を扱う文化現象であり、経済や政治との結びつきはそれほどないかのように考えてしまうが、実際にはそうではない。

これまでの人類の歴史を考えても、宗教が相当に重要な役割を果たしていたことがわかってくる。

その点についてここでは深く考察を進めることはしないが、経済と政治、そして宗教が絡み合うことで人類社会の歴史が展開されてきたことを、私たちは念頭においておかなければならない。まずはその点が重要である。

その際に、一つのセオリーを認識しておかなければならない。

このセオリーがわかっていると、宗教と経済、そして政治との関係がつかみやすくなってくるのである。

そのセオリーを、具体的な形で示しているのが、日本の戦後社会における創価学会の発展という現象である。

創価学会の手口

創価学会は、現在、日本でもっとも規模の大きな新宗教の教団ということになるが、その誕生は、戦前の1930年に遡《さかのぼ》る。

当初は、「創価教育学会」を名乗っており、宗教団体というよりも、教育者の団体としての性格が強かった。創立者も、尋常《じんじょう》小学校の校長を歴任し、地理学者でもあった牧口《まきぐち》常三郎《つねさぶろう》という人物である。

ただ、牧口は、治安維持法違反などで獄に囚われ、そこで亡くなっている。そうしたこともあって、戦争が終わった時点では、創価教育学会は、組織としてはほぼ壊滅的な状態にあった。

にもかかわらず、戦後急速に拡大し、巨大教団への道を歩んだ。その事実は、戦後の宗教史を考える上でも、あるいは戦後史そのものを考える上でも、極めて重要な事柄である(その点については、拙著『戦後日本の宗教史―天皇制・祖先崇拝・新宗教』(筑摩選書)を参照いただきたい)。

なにしろ現在の創価学会は827万世帯もの信者数を誇っているだけではなく、政治の世界に進出し、公明党という政党まで作り上げているからである。

公明党は長く野党であったものの、1993年にはじめて非自民・非共産の連立政権に参加し、与党の地位を確保した。その後、紆余曲折《うよきょくせつ》はあるものの、現在では自民党と連立政権を組み、国政に多大な影響を与えている。

その点で、創価学会が政治と密接な関係を結んでいることはすぐに理解できるだろうが、この教団が急速に拡大していった背景には、日本経済の大きなうねりが関係していた。

戦後、壊滅的な状態にあった組織の立て直しをはかったのが、戸田城聖《とだじょうせい》という人物である。戸田は、戦前に牧口に師事し、戦時中はともに獄につながれるという体験をしている。牧口の方は獄死してしまったわけだが、戸田は敗戦の前に出獄し、戦争が終わると、創価教育学会を創価学会と改称、理事長として組織の立て直しをはかることになる。

戦前の段階で創価教育学会の会員は最大限で4000人程度であり、1951年に戸田が第2代の会長に就任した時点でも、会員はまだ1000世帯前後に過ぎなかった。

しかし、戸田の会長就任以降、創価学会の会員数は急速に伸びていく。1955年には30万世帯に達し、60年には150万世帯を超えた。

もちろん、宗教教団の信者数というのは、前述した事情もあり、正確なことがわからない。だが、1950年代後半になると、創価学会が文化部という組織を作って政界に進出したこともあり、その存在は社会的に大いに注目されるようになっていく。今でも、公明党は政権与党にあるわけで、それを支える創価学会とともに、社会的に無視できない存在になっている。

折伏と農家の若者

では、創価学会はなぜ急速に拡大したのだろうか。

一つには、創価学会が「折伏《しゃくぶく》」というかなり強引な布教手段をとったからである。

折伏は仏教の用語で、諄々《じゅんじゅん》と教えを説いて相手を説得する「摂受《しょうじゅ》」と対になることばである。折伏を行う際には、その対象となる人間がすでにもっている信仰を徹底的に批判、否定し、改宗を促すことになる。

戦後間もない頃の創価学会の会員は、キリスト教の教会などに出かけていき、そこでキリスト教を徹底的に攻撃するなどの行動をとった。イエス・キリストが復活するということは科学的にあり得ないことで、それは迷信にすぎないと言い立てたのである。

日本の宗教団体のなかで、これだけ活発に、戦闘的ともいえる布教活動を展開したところは、それまでなかった。

創価学会では、『折伏教典』という折伏のためのマニュアルまで用意していた。

この『折伏教典』には、創価学会の教えとともに、他の宗教や他の宗派の教えが、いかに間違ったものであるかが解説されていた。その解説はかなり手前勝手なものだったが、会員たちは、そこに書かれていることをそのまま信じ、それを武器に相手をやりこめたのである。

しかし、こうした強引な布教手段が有効だったのも、その頃の日本社会が、いまだ戦争の傷跡から完全に立ち直っておらず、激しく揺れ動いていたからである。仮に、今のような豊かで安定した時代に、折伏をやっても、新たに会員を獲得することはできないだろう。そもそも創価学会の会員自身も、激しい折伏を実践しようとは思わないに違いない。

創価学会の急速な拡大が始まったのは、1950年代に入ってからである。それは、日本が高度経済成長に突入した時代にあたる。日本を大きく変えた経済のうねりは、創価学会の急速な拡大と深い結びつきをもっていたのである。

それは、創価学会の会員の属性を見てみれば、理解されるはずだ。

新宗教の信者、会員がどういった社会的な属性を持っているのか、それを明らかにしてくれる調査は少ないが、創価学会については、唯一、信頼できるものがある。

それが、社会学者の鈴木廣《すずきひろし》が福岡市で行った調査である。詳しくは、拙著『創価学会』（新潮新書）や前掲の『戦後日本の宗教史』で紹介しているので、そちらを見ていただきたいが、調査結果はかなり興味深いものである。

この調査によれば、福岡市の創価学会の会員は、学歴がかなり低いという結果が出た。高卒以上は全体の3割を占めるにすぎず、多くは小学校や中学校しか出ていなかった。

もちろん、この時代は一般の高校への進学率が50パーセント程度だったので、それを差し引いて考えなければならないが、少なくとも大学卒などほとんど含まれていなかった。後に公明党の書記長、委員長となる矢野絢也《やのじゅんや》などは、京都大学出身のインテリだが、そうした会員は少数派だったのである。

創価学会の会員は学歴が低いために、職業は、零細商業・サービス業の業主・従業員、零細工場・建設業の工員・単純労働者などに限定されていた。つまり、大半が下層の労働者だったのである。

それも、彼らが都市に流れ込んできたばかりの人間たちだったからにほかならない。

さらに調査からわかることは、現在住んでいる場所で生まれた者はゼロに近く、市内の別の場所で生まれた人間を加えても2割に満たないということだった。福岡市の外で生まれた者が8割を超え、大部分は農家の出身だったのだ（『都市的世界』鈴木廣（誠信書房））。

経済格差が新宗教を育てる

高度経済成長の時代には、産業構造の転換が起こり、農業を中心とした第1次産業から、鉱工業の第2次産業、サービス業の第3次産業へと比重が移っていった。第2次、第3次産業は都市部に花開いた産業であり、都市部では大量の労働力を必要とした。

その労働力の供給源になったのが農村部であった。農村では、長男がすべてを相続する家督相続は、戦後、制度としては廃止された。戦後に改正された民法では、均分相続が定められた。

しかし、現実には家督相続に近い形態がとられ、農家の次男や三男以下は、跡取りになることができないのはもちろん、分家としたとしても、それほど広い田畑を分けてもらうこともできなかった。日本の農家の規模は小さく、農地を分割すれば、経営が成り立たないからである。そのため、次男以下の人間は、働き口を求めて都市部へと出ていかざるを得なかったのである。

その典型が集団就職である。

中学を卒業したばかりの子どもたちは「金の卵」ともて囃《はや》され、専用の列車に乗せられ、都市部へと出ていった。この金の卵のなかには、その後、創価学会へと入会していった人間が少なくない。

大学を卒業していれば、大企業や官公庁に就職することができた。しかし、学歴が低くては、そうしたことはかなわない。彼らは労働者となっても、労働組合がしっかりと組織されているような職場に入ることができず、未組織の労働者として寄る辺ない生活を送らざるを得なかった。

そうした人間たちを吸収していったのが、創価学会だった。

ほかに、立正佼成会や霊友会といった、創価学会と同じ日蓮系、法華系の新宗教も同じ時期に大量の会員を増やし、巨大教団へと発展していくが、それも同じような経緯をたどってのことだった。

高度経済成長のような経済の急速な拡大は、社会に豊かさをもたらすが、その恩恵が社会全体に及ぶまでには時間がかかる。したがって、経済の拡大とともに、経済格差の拡大も続き、社会的に恵まれない階層が生み出されていく。

創価学会に入会すれば、都市に出てきたばかりの人間であっても、仲間を得ることができる。彼らは同じ境遇にある人間たちであり、すぐに仲間意識を持つことができた。

ただ都会に出てきたというだけでは、地方の村にあった人間関係のネットワークを失ってしまっているわけで、孤立して生活せざるを得ない。ところが、創価学会に入会すれば、都市部に新たな人間関係のネットワークを見出すことができるのである。

「現世利益」の実現

創価学会では、会員の集まりを「座談会」と呼んでいる。これは、会員たちがどこかの会員宅に集まって、他の会員の前でお互いの体験を発表するための機会である。彼らはその際に、信仰を得ることによっていかに幸福になることができたかを語った。あるいは、折伏の成果を誇ったりもした。それによって、座談会では、他の会員からの励ましを得ることができたのだ。

また、創価学会では、「教学試験」というものを実施し、日蓮信仰にかかわる事柄を問題として出し、それに合格した人間には、「教授」などの資格を与えた。そうした資格は、創価学会の組織のなかでしか意味をもたないものだが、学歴のない者には大いなる誇りにもなった。何より、試験のために勉強することで、学校に通っていないため得られなかった識字能力を磨くことができた。それは仕事をする上でも役立った。

2代会長になった戸田城聖は、「現世利益」の実現を掲げ、信仰し、折伏を実践すれば、それで「功徳《くどく》」を得ることができると宣伝した。それは、都市に出てきたばかりで貧しい暮らしを余儀なくされていた人間たちに対しては、強くアピールするものだった。

このように見ていくと、高度経済成長の時代に創価学会が多くの信者を獲得し、巨大教団へと発展していったのは、必然的なことであった。

しかも戸田は、1950年代の半ばから、政界への進出を行い、幹部たちを地方議会や国会に議員として送り込んでいった。選挙活動は、布教活動と密接に関連していた。というのも、折伏によって会員を増やすことが、候補者の得票数を増やすことに直結したからである。

当初、戸田は、政界に進出する目的は、「国立戒壇《こくりつかいだん》」の建立にあるとしていた。これは、創価学会に入会した会員たちが、同時に入信していた日蓮宗の一派、日蓮正宗《にちれんしょうしゅう》を日本の国教に祀り上げようとする試みであった。そうした壮大な目標が掲げられることで、会員たちの熱意は余計に高まったのである。

重要なセオリーとは

しかし、次第に国立戒壇の建立という目標は、背後に退くようになる。むしろ、大衆福祉の実現ということが、政治の世界に進出するための目標として高く掲げられるようになっていく。それも、会員となった人間たちの多くが、社会福祉の対象となる貧しい階層に属していたからである。創価学会の会員は、政治的な力を獲得することで、貧しい生活から脱し、豊かな生活を実現することを願ったのである。

このように、創価学会が巨大化していった背景には、高度経済成長という経済の大きなうねりがあった。経済の急速な発展は、格差の拡大などのひずみを生む。そのひずみが、新しい宗教を発展させる。そして、急速に拡大した宗教は、政治的な力を獲得する方向に向かうのだ。

これが、一つのセオリーである。

このセオリーは、経済と宗教、そして政治と宗教の密接な結びつきを説明してくれるものである。しかも、このセオリーは、これから見ていくように、世界の宗教の動向を考える上でも、決定的に重要な鍵となるものなのである。

2章

ヨーロッパが直面する宗教の危機

フランス——カトリック消滅

私は今、ある女子大で非常勤講師として教えている。宗教学や宗教史に関する授業科目を担当しているが、その際に、映像を活用することが多い。

宗教の問題について、学生にはそれほど知識がない。それに、そうした問題がテレビのニュースなどで報じられることも少ないので、学生が接する機会はほとんどないのである。

宗教の実際の姿を伝えるには、話をしただけではうまくいかない。リアリティーをもって伝えられないからだ。そこで、映像を使うことになるのだが、それを探していて、興味深いものを見つけた。

その映像は、まったくの素人が撮影したもので、ナレーションもなければ、解説もつけられていなかった。最初は、誰も座っていない椅子が並んでいる光景が映し出されていった。それは、椅子の前から撮ったものではなく、椅子の後ろから撮影したものだった。

いったいこれは何なのだろうかと見ていると、カメラは次第に前の方を映すようになっていく。前の方には、いくつかの人影がぼんやりと見える。人数としては、30人ほどだろうか。皆椅子から立ち上がっている。さらにその前には、焦点が合っていないので、はっきりとはわからないのだが、祭壇があって十字架のようなものが見える。教会特有の賛美歌を歌う声も聞こえてくる。

それは、キリスト教の教会での日曜日の礼拝、「ミサ」の様子を撮影したものである。誰も座っていない椅子は相当な数にのぼる。数百席はあるだろう。その映像には、「フランスの空っぽの教会」というタイトルがつけられていた。そこは、歴史的にも由緒のあるカトリック教会のようなのだが、この映像を通して、そうした教会であっても、ミサに出席する信徒の数がいかに少ないかが伝わってくるのである。

「フランスの空っぽの教会」

日本人は、「自分たちは無宗教で、宗教に対して熱心ではないが、キリスト教の信者たちは毎週日曜日には教会に足を運び、熱心にミサに与《あずか》っている」と考えてきた。今でもそう考える人は少なくないだろう。

しかしそれは、ヨーロッパでは完全に過去のことになりつつある。各種の統計資料からも、明らかである。

今から60年近く前の1958年には、フランス人のなかで、日曜日にミサに与っていたのは35パーセントに及んでいた。3分の1以上が、日曜日のたびに教会に出かけていたわけだ。

ところが、2004年には、それがわずか5パーセントにまで低下した。ある調査では、2011年に毎週一度は教会に通っているフランス人は、0・9パーセントしかいないという結果も出ている。

ただし、教会にいかなくなったものの、フランス人の63パーセントが、自分はキリスト教の教会に属していると答えている。

その一方で、1950年には、90パーセント以上のフランス人が子どもに洗礼を授けていたのが、2004年には60パーセント以下に減少している。

こうした数字からすれば、「フランスの空っぽの教会」は、フランス全土に及んでいることになる。仮に1000席の教会であるなら、0・9パーセントしか出席しなければ、9席しか席は埋まらない。それは、想像を絶するほど寂しい光景である。

『禁じられた遊び』に予見されていた宗教離れ

教会に出席する信徒が大幅に減少すれば、教会は成り立たなくなり、司祭になろうとする人間も減っていく。

1950年代においては、フランスで司祭になろうとする人間は毎年1000人程度いた。ところが、現在では毎年100人程度と、10分の1にまで減っている。その結果、2009年の時点で、フランスの司祭は8715名しかいなくなった。ちなみに、人口の0・5パーセントほどしかカトリックの信者がいない日本には、1600名ほどの司祭がいる。

しかもフランスでは、そのうち1315名は外国からやって来た司祭である。2025年には、フランスの司教区のうち3分の1は、統廃合されることになるだろうと推定されている。

フランスでは、18世紀の終わりに起こった「フランス革命」によって、それまで絶大な権力を誇っていたカトリック教会の力が大幅に弱まった。それでも、しばらくの間、人々の信仰は、それほど簡単には変わらなかった。

たとえば、フランスの有名な映画に『禁じられた遊び』という作品がある。1952年の作品で、ナルシソ・イエペスの弾くギターによるテーマ音楽がよく知られている。

この映画は、ナチス・ドイツとの戦争が続いていた時代を舞台にしたもので、主人公の少女の両親がドイツ軍の戦闘機による機銃掃射で殺されることから、反戦映画と思われているが、実はキリスト教の信仰が中心的なテーマになっている。

主人公の少女はパリで育ったために、お祈りの仕方もわからない。その少女を救った田舎のおばさんたちは、その事実に大いに慌て、少女に無理やりお祈りの仕方を教える。ところが、それが少女におかしな影響を与えることになる。小動物を殺して埋め、その上に十字架を立てるという行為に結びつくからだ。

今、この映画を見てみると、いったい何を意図してこの作品が作られたのか、かなり疑問に思えてくるが、宗教学の観点からすれば、キリスト教の信仰が、ときに少女のこころを歪めることになるという点を訴えたものにも見えてくる。

少なくとも、フランスではそれほどカトリックの信仰が、強い影響を与えていたのだが、今は見る影もない。フランスでは想像を絶する規模で、「教会離れ」、「カトリック離れ」、さらに言えば「宗教離れ」が起こっている。

『禁じられた遊び』でも、パリで育った少女はカトリックの信仰と無縁な状態にあったわけで、こうした未来が予見されていたとも言えるのだ。

日本人の無宗教と異なるフランスの無宗教

日本人は、自分たちのことを「無宗教」であると考えている。それは、特定の宗教を信仰していない、特定の教団には所属していないということを意味する。

その点では、現代のフランス人も、日本人と同じように無宗教になってきたと考えられるかもしれない。

だが、日本における無宗教とフランスにおける無宗教とでは、まるで違う。

日本人の場合、自分たちは無宗教であるとは言いながら、宗教とのかかわりをいっさい持たないわけではない。初詣には神社仏閣に出かけていき、葬式は仏式でやることが多い。ともに、外側から見れば、間違いなく宗教行為であり、意識と行動とのあいだには大きなズレがある。

逆に言えば、日本では、土着の神道の信仰も、6世紀の半ばに朝鮮半島から伝えられた外来の仏教の信仰も、長い間にわたって生きた宗教として機能し、根づいてきたと見ることができる。

ところが、フランスでの無宗教は、これとはまったく違う。

フランスでは、2011年に63パーセントがキリスト教徒としての自覚を持っているという統計を紹介したが、別の統計では、2010年の時点で、キリスト教徒の割合は44パーセントにすぎないという結果が出ている。カトリックが41パーセントで、プロテスタントが2パーセント、その他のキリスト教が1パーセントである。

それに対して、無宗教、あるいは神の存在に対して懐疑的な不可知論が29パーセントである。さらに、神の存在を否定する無神論が13パーセントである。この両者を合わせると、42パーセントになり、キリスト教の信仰をもつ人間の割合と拮抗している。

無神論は無宗教とは異なり、神の存在を積極的に否定する。

これは、日本にはほとんどない立場である。

無神論であれば、教会にかかわることはいっさいない。また、他の宗教ともかかわりをもつこともないわけだから、その点で日本人の無宗教とは違うわけだ。無神論のフランス人は、宗教施設へ出かける機会はまったくなくなるのである。

フランスの無宗教の場合は、おそらくいろいろな立場があることだろう。自分はキリスト教の信仰をもっている、あるいは洗礼を受けているが、教会には行くことがないといった人間も含まれているはずだ。そうした人間の場合には、結婚のときに教会で式を挙げたり、子どもが生まれれば幼児洗礼だけは授けておくという態度をとるかもしれない。その点では、日本人の無宗教に近い。

したがって、無宗教と無神論を合わせた42パーセントが、まったく教会と無縁になっているとは言えないかもしれないが、フランスで急速な教会離れが進み、宗教そのものから離れていくことに結びついていることは注目すべき現象なのである。

「日本の方がはるかにましだ」

フランスには、パリのノートルダム大聖堂をはじめ、日本人の観光客が訪れることが多いキリスト教の教会が数多く存在している。

フランスの西海岸にあって世界遺産にも登録されているモン・サン＝ミシェルも、小島のなかに建っているのはキリスト教の修道院である。

ただ、モン・サン＝ミシェルの場合、ベネディクト会の修道院ではあったものの、フランス革命のときに、修道院は廃止され、一時は監獄として使われたこともあった。

現在は修道院として復興がはかられてはいるものの、そこで生活する修道士はわずか数人で、事実上キリスト教の「遺産」になっているとも言える。その姿は、これからのフランスの教会全体の未来を暗示しているのかもしれない。

今から20年か、30年前のことになるが、日本のカトリックの司教たちが視察のためにフランスを訪れたことがあった。

その時点でも、フランスのカトリック教会のなかには、信徒が減って維持が難しくなり、他の教会の司教が兼務しているようなところが少なくなかった。

そうした事態に接した日本人の司教たちは、日本の方がはるかにましだという感想をもったと聞いた。今、同じように日本人の司教たちがフランスを訪れたら、その衰退の激しさに驚愕し、暗澹《あんたん》たる思いにかられることだろう。

衰退が続くフランスの宗教

ヨーロッパで産業革命が興り、社会の近代化が推し進められた時代には、「進歩史観《しんぽしかん》」が唱えられた。それに伴って、人類の社会はこれからも進歩を続け、科学や技術が大幅に発展することによって、科学的な知見にもとづかない宗教などという現象は、遠からず滅び去っていくであろうという見通しが語られることが多かった。

その予測はすぐに的中したわけではなく、宗教はしぶとく生き残った。だが、第二次世界大戦が終わってから時間が経つにつれて、やはり宗教に関していえば、進歩史観は正しかったのではないかという感覚が強まっている。

フランスは、現在でもEU諸国のなかでは最大の農業国であり、農産物の輸出ということでは、EU内でドイツに次いで第2位の地位を保っている（世界では第11位である）。私たち日本人も、フランスから輸出された農産物に接する機会は少なくない。ワインやチーズなどは、フランス産が高く評価され、その価格も高い。

また一方で、フランスは第2次、第3次産業も発達しており、自動車産業や軍需産業では、世界有数のシェアを誇っている。

フランスでは、1973年に「オイル・ショック」が起こるまで、第二次世界大戦後、一度も不況に陥ることがなかった。そのために、経済成長が続いた1945年から75年までは「栄光の30年」と言われる。そのことは、トマ・ピケティの『21世紀の資本』（みすず書房）でもくり返し触れられているので、記憶している読者も少なくないだろう。

ただ、1950年代におけるフランスの経済成長率は平均で4・5パーセントであり、同時期に10パーセントを超えていた日本にははるかに及ばない。

また、人口の都市部への移動ということでも、パリ周辺の人口は1950年から2005年にかけて、646万人から983万人に1・5倍に増えたものの、東京周辺では、同じ期間に約3倍に増えており、その規模ははるかに小さい。

したがって、栄光の30年の時代においてさえ、フランスでは、大規模な都市部への人口移動によって、新しい宗教が膨大な信者を集めるという事態は生まれなかった。その点でフランスでは、第二次大戦後、既成宗教としてのカトリックの衰退がひたすら続いているということになる。

では、他のヨーロッパ諸国ではどうなっているのだろうか。次にはそれを見ていきたい。

ドイツ――教会離れの原因は「教会税」

2015年7月、ドイツではカトリック教会について衝撃的な数字が発表された。2014年にカトリック教会を正式に離脱した者の数が、20万人以上にのぼったというのだ。2013年に比べると、離脱者の数は21パーセントも増えた。

2014年にカトリック教会を離脱した人間の正確な数は21万7116人である。2013年には、17万8805人だった。21パーセントの増加というのは、かなり大きな数字である。

ドイツでは、キリスト教が主要な宗教であり、ローマ・カトリックとプロテスタントに二分されている。プロテスタントは、ドイツ福音主義教会と呼ばれるもので、そのなかには、ルター派、改革派、合同派などが含まれる。

ドイツは、マルティン・ルターによる宗教改革が起こった国であり、伝統的にプロテスタントが大きな勢力を保っているが、カトリックも依然として、それと拮抗する勢力を維持している。

ドイツ人のうち、30・8パーセントがカトリックで、その数は2470万人に及ぶ。一方、プロテスタントは30・4パーセントで、2430万人である。まさにカトリックとプロテスタントに二分されていると言っていい。なお、ドイツの総人口は2014年の時点で8108万人であり、日本の3分の2である。

2470万人のカトリックのうち22万人近くが離脱したということは、離脱者の割合は0・88パーセントにのぼったということになる。

これは、2014年だけのことではなく、最近の傾向である。しかも毎年、離脱者の数は増え続けている。

今から10年ほど前の2006年、離脱者は8万4389人で、2007年でも9万3667人であった。それが、2008年には12万1155人と10万人台に達し、それからわずか6年しか経っていない2014年には20万人を超えたわけである。

このまま行けば、さらに相当数のドイツ人がカトリック教会から離れていくことになる。

では、プロテスタントの方ではどうなのだろうか。

プロテスタントでも、教会から離脱する人間の数は増えている。

イギリスの日刊紙「デイリー・テレグラフ」を発行する「ザ・テレグラフ」のサイトに2015年1月30日に掲載された文章では、その前の年、プロテスタントの教会からも、20万人が離脱しているとされている。

毎週日曜日にカトリック教会のミサに出席する信者は12パーセント程度にすぎないという調査結果も出ている。これは、すでに述べたフランスの場合と共通している。

教会に来るのは、赤ん坊に洗礼を受けさせたり、初聖体《せいたい》（聖体拝領）など、通過儀礼のときだけで、後は、クリスマスや復活祭といった重要な祝日くらいである。これはちょうど、日本人が宮参りや初詣に神社に行くのと同じである。

教会を離脱した人々は、「司教の態度が権威的だ」とか、「教会が民主的でない」といったことを理由にあげている。カトリックの聖職者が性暴力をふるっていたことが判明したり、女性が聖職者になれないなどの女性差別があることも、それに影響しているようだ。

しかし、多くのドイツ人が、今教会から離れているのは、何よりも「教会税」の存在が大きい。教会税を支払いたくないがために、教会を離脱する人間が増えているのである。

所得の10パーセントは教会税に

教会税などと聞いても、私たち日本人にはピンと来ない。初耳だという人も少なくないだろう。日本にあてはめれば、「寺院税」、あるいは「神社税」ということになるが、そんなものはない。

ドイツでは、教会税の制度があり、所得税とともに、所得税の8パーセント、ないし10パーセントを教会税として徴収されるのである。

しかも、教会税は教会が徴収するものではなく、ドイツの国家が徴収する。

現在の教会には、とても税金を徴収する能力はないからだが、要するに、カトリックであろうと、プロテスタントであろうと、教会に所属していれば、自動的に所得税が割り増しになるわけである。

こうした教会税の制度は、ドイツのほかに、アイスランド、オーストリア、スイス、スウェーデン、デンマーク、フィンランドなどにも存在している。

ドイツでは、一時、この教会税を廃止しようとする動きが生まれ、その方向に動いているとも報道されたが、そうはならなかった。

なにしろ、ドイツのカトリック教会に入る教会税は、2008年の時点で56億ユーロ（当時のレートで約7530億円）にものぼり、それが、ドイツの教会を世界でもっとも財政的に豊かなものにしてきたからである。それが廃止されるということは、教会にとって大問題である。教会の側が廃止に抵抗するのは当然だ。

ドイツでは、18世紀の終わりに、ナポレオンによって攻められる時代まで、「国教会《こっきょうかい》」の制度があり、国家と教会とは分かち難く結びついていた。

国教会の制度のもとでは、国家による教会への財政的な援助が行われた。ところが、教会財産の世俗化という事態が起こったことで、そうした援助が打ち切られ、教会はそれまで蓄積していた財産と、国家による賠償だけでやりくりしなければならなくなった。

これはちょうど、明治維新の際に、日本の仏教寺院が遭遇した事態と同じである。それまで、寺院は寄進された土地からあがる収入で維持されていたのだが、「上知令《あげちれい》」によって、そうした土地の大半を明治新政府に奪われた。

そうなると当然、寺院は財政的な危機に陥り、荒廃したところも少なくないのだが、ドイツでも状況は同じだった。ただ、日本の寺院には財政的な面での援助の手が差し伸べられなかったのに対して、ドイツでは、教会税を設けることで教会への支援がはかられたのである。

教会税は国家によって徴収されるわけで、その点では、教会が国家によって管理される部分が出てきたことを意味する。少なくとも、ドイツの国家は、どれだけの教会税が教会に入ったのか、それを正確に掌握できるようになったのである。

政教分離

日本では、戦後の憲法によって「政教分離」が徹底され、政治と宗教、あるいは政府と教会（寺院、神社など）との結びつきは断ち切られている。

日本人は、そうした環境に慣れていることもあり、欧米でも同じように政教分離が徹底されていると考えているかもしれない。実際、フランスの場合には、「ライシテ」という形で、徹底した政教分離がはかられている。ところが、ヨーロッパではフランスが例外なのであって、ほかの国々では、むしろ政府と教会は強い結びつきをもっているのである。たとえば、イギリスには教会税の制度はないものの、２０１１年の国勢調査によれば、74・7パーセントがキリスト教徒で、そのうち6割強が英国国教会に属しているという結果が出ている。

その英国国教会のトップにあるのがエリザベス女王であり、イギリスでは、王が国教会の首長を兼ねるという伝統が形成され、維持されている。ここにも、国家と宗教との強い結びつきを見ることができる。

北欧のスウェーデンでも、国家と教会との結びつきは相当に強いものがあり、驚くべきことに戦後になるまで、信教の自由は認められていなかった。

スウェーデンは、もともとはカトリックの国だが、宗教改革を経て、プロテスタントが支配的になり、ルター派による国教会の制度が確立された。１７２６年には、国教会以外の宗教組織を結成することが禁止される。ユダヤ人などの外国人に信教の自由が認められたのも18世紀の後半になってからである。

スウェーデンという国に生まれた人間は自動的に国教会に所属し、教会税を支払わなければならなかった。無条件で教会を離脱できるようになったのは、1951年になってからのことである。

なお、スウェーデンでは、生まれたときにどこに埋葬されるかが決まっており、教会から離れて教会税を支払わなくなっても、その代わりに「埋葬税」が課せられる。これは、まるで江戸時代の「寺請制度《てらうけせいど》」が現代まで生き延びているようなものである。

結婚したらさっさと教会を離脱

ドイツの場合、ヨーロッパのなかで賃金に対する税金の割合がもっとも高い国の一つである。消費税も、今日本で議論になっている軽減税率はあるものの、19パーセントにも達する（軽減税率の対象である食品や書籍などは7パーセント）。

働いて収入を得ても多くの額を税金としてとられてしまうので、教会税など支払いたくはないという気持ちが起こる。そのため、若い世代を中心に、教会税を避けるために教会を離れるドイツ人が急増しているわけである。

ドイツでは、住民票に宗教について記入する欄があり、そこにキリスト教と記入すれば、自動的に教会税を徴収される。

ただ、教会税を支払っていなければ、教会での儀式に与ることはできないわけで、結婚式を教会で挙げることはできなくなる。

しかし、結婚自体は可能なわけで、結婚式なら役所で挙げることもできる。教会での結婚式を希望する人間でも、結婚するまでは教会税を支払い、結婚するとさっさと教会を離脱して、教会税を支払わなくなる人間たちもいるという。

こうした事態は、当然、教会税が存在するドイツ以外の国々でも起こっている。オーストリアのカトリック教会では、2007年には前年と比較すると18パーセントも信徒数が減少した。

また、スイスでは2007年にスイス牧会社会学研究所が、1970年以降、スイスの10大都市のカトリック教会の信者数が30パーセント減少したことを明らかにした。ただ、スイス全体では1・6パーセントの減少にとどまった。

プロテスタントについては、同じ時期にスイス全体で17パーセント減少したとされる。もっともこれは、カトリックのバチカン放送が発表した数字である。したがって、本当に信用できるか保証はない。

もっとも減少が激しいのがバーゼル市で、1976年から2005年の30年間で、カトリック、プロテスタントともに62パーセントの信者を失ったという。半分以下に減ったわけである。

こうした傾向に歯止めがかかる気配は、いっこうに見えていない。むしろ、年を追うごとに、各国において教会を離脱する人間の数が増えている。このままいけば、どの国でもキリスト教の教会は深刻な危機に遭遇する可能性が高い。

教会の側からすれば、恐ろしい事態が進行していることになる。信者が教会から離れていけば、教会の運営は成り立たない。前述した「フランスの空っぽの教会」が増えていくわけである。

そうなると、教会は売却されることになる。こうした事態が、今のヨーロッパでは盛んに起こっている。

売却先としては、住宅に転用されるものがある。ネット上には、そうした物件を紹介するサイトが存在している。たしかに教会なら立派な住宅になる。これは、次の節で紹介する日本の新聞でも報道されたが、教会の建物は天井が高いために、サーカスの練習場として恰好の空間である。そこで、サーカスに売却されたものもある。

しかし、もっとも多いケースは、イスラム教の「モスク」に転用されるケースである。祈りのために人々が集うという点では、キリスト教の教会もモスクも共通する。モスクにならば、いわば「居抜き」で売却できるわけで、売る側も、世俗的な目的として使われるよりも、祈りの場として使われる方がいいと歓迎するらしい。ヨーロッパ各国では、今、モスクに転用されるキリスト教の教会が増加しているのである。

修道士になる人がいない

ここまで、フランスとドイツにおけるキリスト教の教会離れの現象について見てきた。それは、二つの国にのみいえることではなく、ヨーロッパ全体で起こっていることである。どの国においても、教会離れが進んでいる。しかもそれは相当な勢いで進行しているのだ。たとえば、イギリスの場合である。これは、2年ほど前のことになるが、朝日新聞の2013年10月1日付朝刊に、「消えゆく教会　欧州、信者減り進む転用」という見出しの記事が掲載された。

それによれば、ヨーロッパでは、キリスト教の教会離れが進み、成り立たなくなった教会が出てきているが、英国国教会の場合も、1年に25の教会が閉鎖されているというのである。

イギリスでは、国勢調査を行う際に、信仰についても尋ねているが、2011年の国勢調査において、「キリスト教徒」と答えた人の割合は59パーセントであった。6割がキリスト教徒としての自覚をもっているわけだが、10年前の調査では、72パーセントであり、この10年のあいだに大幅に減少していることになる。そして、4人に1人が「無宗教」と答えている。

最近におけるヨーロッパでのキリスト教の教会離れは、かなり進行していることになるが、これは、戦後になって始まったことで、すでに1960年代から目立ちはじめていた。

それを見るためには、修道会の会員数の減少に着目してみたい。

日本にキリスト教を伝えたのは、イエズス会の創始者の一人であるフランシスコ・ザビエルである。そのイエズス会の場合、1961年には3万4687人の会員を抱えていた。これは、修道士の数と考えていい。それが、2007年には1万9216人に減少した。これは、1961年と比較すると45パーセントの減少である。

これは、ほかの修道会についてもいえることで、フランシスコ会では、2万6151人が1万5256人と42パーセント減少し、サレジオ会でも2万545人が1万6389人と20パーセント減少した。ドミニコ会になると、9737人が6044人と、イエズス会ほどではないが、38パーセントも減少している(青山玄「『司祭年』を迎えて思うこと」『ヴァチカンの道』第21巻第2号)。

キリスト教は、宣教の宗教である。イエス・キリストの教えは「福音《ふくいん》」と呼ばれ、それを述べ伝えていくことがキリスト教徒のつとめであるとされる。その先頭に立ってきたのが、それぞれの修道会に所属する修道士である。彼らは宣教師として、いまだにキリスト教が伝えられていない国々に派遣されてきた。

しかも、キリスト教では、教えに殉じて亡くなる「殉教《じゅんきょう》」ということが高く評価されてきた。カトリック教会では、殉教者は、「福者」や、さらには「聖者」と認定され、信徒たちの信仰の対象にもなっていく。

そうした形態をとってきたカトリックの教会において、修道士が大幅に減少しているということは、宣教活動が停滞し、教会の勢力が衰退していくことを意味する。

世界の新宗教も高齢化している

キリスト教の信者の数は、世界全体でおよそ20億人と言われ、人類全体の3分の1を占めている。

ところが、キリスト教の勢力がもっとも強いとされているヨーロッパにおいては、戦後、その力が次第に衰え、近年になると、急激な教会離れが進行しているのである。

私が宗教学を学びはじめたのは、1970年代のはじめのことだが、その頃の議論の中心は、「世俗化《せぞくか》」にあった。世俗化とは、社会から宗教の影響力が失われていくことを意味している。そうした世俗化が先進国で進行していることに学界の注目が集まっていたのである。

ただ、その後、イランでイスラム革命が勃発し、イスラム教の再生などが見られたこともあって、むしろ宗教の復興に注目が集まるようになり、世俗化という現象に対する関心は薄れていった。

ところが、先進国、とくにヨーロッパに限っていえば、宗教復興の陰で世俗化が大幅に進行していたことになるのだ。

世俗化の議論が盛んに行われていた時代には、既成宗教に代わる新宗教が注目を集めたり、宗教そのものとは言えない精神世界の運動が台頭していることに、関心が向けられたりした。

ところが、最近では、先進国の新宗教についても衰退が指摘されるようになってきた。すでに日本においてそうした事態が起こっていることについては、序章でもふれた。イギリスの宗教社会学者アイリーン・バーカーは、「新宗教における高齢化の問題—老後の経験の諸相—」(高橋原訳、『現代宗教2014』)という論文において、かつては若者の宗教の代表と見なされた新宗教で、急激な高齢化が起こっていることを指摘している。

新宗教の場合、ある時期に急速に勢力を拡大していくという現象を経験することが多い。それは、セオリーとして述べた創価学会の場合に顕著だが、多くの教団は、社会的に注目される時期において多くの信者を獲得する。

ところが、その時期を過ぎると、新たに信者が入信してくることが少なくなっていく。新宗教は、時代のありようと深く連動し、その時代特有の社会問題への対応として生み出されてくるものだからである。その分、時代が変われば、魅力を失い、新しい信者を獲得できなくなるのだ。

そうなると、急速に拡大した時期に入信した信者たちが、そのまま年齢を重ねていくという事態が生じる。彼らは強い結束を誇っているかもしれないが、その結びつきが強ければ強いほど、新しい人間はそのなかに入りにくくなる。こうした教団の構造も、信者を固定化する方向に作用する。その結果、高齢化という事態を迎えることになるのである。

その点で、世俗化が先進国における基調であるとするなら、それは長いスパンにわたって徐々に進行しており、その過程で注目を集めた新奇な宗教現象も、一時の「徒花《あだばな》」であったことになるはずだ。

そして、徐々に進行した世俗化は、ここに来て、底なしの気配を見せている。教会から離れていく人間が増えれば、それにつれて、他の人間も同じような行動を起こすことになる。残るのは、急速な変化についていけない高齢者であり、教会には年寄りだけが集まることになる。新陳代謝はまったく進まず、このまま行けば、教会のミサに出席する人間などいなくなるはずだ。

教会を離れた人間であっても、宗教は何かと聞かれたら、キリスト教と答える人間はまだ少なくない。そして、結婚式や葬式、あるいは盛大な祭りのときには教会に行くという人間たちもいる。

しかし、恒常的に教会に来る人間がいなくなれば、教会はそうした人間たちによる献金、あるいは教会税の支払いによって維持されているわけで、存続が難しくなっていく。実際、それによってつぶれていく教会が続出していることについては、すでに見た。

予想されなかった事態

ただ、世俗化の議論が盛んであった時代に、一つ予想されていなかったことがある。それは、世俗化の議論を一時沈静化させた宗教復興の問題ともからんでくるのだが、ヨーロッパで、キリスト教の急激な衰退が起こるなかで、イスラム教がその勢力を拡大していることである。

立ちゆかなくなったキリスト教会が、居抜きでモスクに売られるのも、そうした事態を反映している。

２０１１年におけるヨーロッパのイスラム教徒の数と、括弧内にそれぞれの国の全人口に占める割合を示せば、次のようになる。

フランス　271万4000人（4・3パーセント）
ドイツ　353万3000人（4・3パーセント）
イギリス　174万8000人（2・8パーセント）

他のヨーロッパ諸国でも、同様の傾向が見えている。

もっともイスラム教徒の割合が多いのが、6・0パーセントのオランダで、人数は100万人である。オランダを含むベネルクス三国では、ベルギーが43万人で4・0パーセント、ルクセンブルクが1万人で2・0パーセントである。

北欧諸国もイスラム教徒の割合が大きくなっている。

スウェーデン　37万8000人（4・0パーセント）
デンマーク　20万6000人（3・7パーセント）
ノルウェー　8万9000人（1・8パーセント）

スイスでも、33万1000人で4・2パーセント、オーストリアでも35万3000人で4・3パーセントである。

こうしたヨーロッパのなかで、意外にもまだイスラム教徒の割合が少ないのが、スペインで、116万1000人で2・5パーセントである。

こうした数字は、早稲田大学の店田《たなだ》廣文《ひろふみ》が示しているものだが（「世界と日本のムスリム人口　2011年」『人間科学研究』第26巻第1号）、スペインについては最近になるとより大きな数字が発表されている。

UNIÓN DE COMUNIDADES ISLÁMICAS DE ESPAÑA の〝Estudio demográfico de la población musulmana〟では、これは2015年4月に報告されたものだが、2014年のスペインにおけるイスラム教徒の数は186万人となっている。これは、スペインの総人口の4・0パーセントにあたる。


ここでスペインのことについてとくに注目する必要があるのは、スペインがかつてイスラム教の支配下にあったからである。

8世紀の半ばに、イスラム教政権の後ウマイア朝がスペインに侵攻し、その大部分を支配下においた。後ウマイヤ朝自体は1031年に滅びるものの、その後もイスラム教の宗主国が各地域を支配する体制は、コロンブスがアメリカ大陸を発見する1492年まで続き、キリスト教徒はそれまで、スペインを再征服する「レコンキスタ」の運動を続けなければならなかった。

こうした歴史をもつスペインにおいては、イスラム教文化の影響が大きく、グラナダにあるアルハンブラ宮殿などがその代表である。その点で、スペインはイスラム教の影響が強い。そうした国で、ふたたびイスラム教徒が増えているという現象は、スペインの人々に、歴史の教科書で習ったような事態が再び起こっていると思わせるのである。

ヨーロッパが恐れる「再イスラム化」

スペインのテレビ局が製作した番組が YouTube にアップされているが、そこでは、バルセロナの北、フランスにほど近いサルトという町が取り上げられている。番組では、イスラム教徒特有の恰好をした人たちが歩く光景が映し出され、「ここはサウジアラビアではなくスペインです」というコメントが流された。

このサルト市では、すでにイスラム教徒の割合が40パーセントに達しており、もうすぐ多数派になる可能性があるというのだ。

そこから、現在のスペインでは、「再イスラム化」ということが議論になっている。かつてと同じように、スペインがイスラム教徒によって支配される時代が訪れるかもしれないというのである。

他のヨーロッパ諸国では、イスラム教の政権に支配されたことがないので、再イスラム化ということにはならないが、「イスラム化」がやはり議論になっている。

やがて、ヨーロッパ全体がイスラム化されるのではないか、という恐怖さえ広がっているのである。

それを反映して、2015年1月5日には、ドイツのドレスデンで、ヨーロッパのイスラム化に反対する団体が行った抗議デモに1万8000人が集まるという出来事が起こった。こうしたデモは、2014年の秋から拡大の傾向を見せていた。

ヨーロッパでイスラム教徒の数が増えているのは、もちろん、キリスト教徒だったヨーロッパの人間がイスラム教に改宗しているからではない。

その大部分は、イスラム教の諸国からの移民である。移民が増えた結果、それぞれの国でイスラム教徒の割合が増えたのだ。しかも、その勢いは増え続けている。

2015年には、シリアなどからの難民がヨーロッパ諸国に殺到するという事態が起こった。すでに、2014年でも、28万2000人の難民がヨーロッパに入っていた。それが、2015年には、9月までの時点で、71万人に達した。そのなかには、いくつかの国を経由しているために二重、三重にカウントされている者もおり、実際の数はそれを下回るものと考えられるが、それが大変な事態であることは間違いない。シリアなどは、「イスラム国」（IS）の台頭で混乱状態にあり、事態は収拾されていない。これからも、さらに多くの難民が殺到する可能性もある。

人口の4パーセント、あるいは5パーセント程度では、まだそれほどの脅威ではないと感じられるかもしれない。

しかし、スペインのサルト市のように、地域によって偏りがあり、今やイスラム教徒が多数派になりつつある地域も生まれている。ヨーロッパのイスラム化など、日本人には想像できない事態だが、時代はどうやらそちらの方向に向かっているのである。

3章

世界同時多発的に起きる「宗教消滅」

世界の10分の1がイスラム教徒に

目をアジア、とくに日本が含まれる東アジアに転じてみよう。

ヨーロッパでは、キリスト教徒の教会離れが進み、代わりに、イスラム教が台頭している。「ヨーロッパのイスラム化」は、決して架空の話ではなく、次第に現実味を帯びている。

アメリカに、ピュー・リサーチ・センターという調査機関があり、人口の将来予測などを行っている。この機関は2050年における世界の宗教人口についても予測している。

それによれば、イスラム教徒の人口は27億6000万人に達し、世界全体の29・7パーセントを占めるという。2010年の時点では、16億人で23・2パーセントだった。

これは、世界全体でイスラム教徒が増加していることを意味する。あるいは、急増していると言っていいかもしれない。

ヨーロッパについては、人口比だけをあげれば、2050年において、ドイツが10・0パーセントになると予想される。2010年は5・8パーセントだったから、ほぼ倍増である。以下、2050年の推定値をあげるが、括弧内は2010年の数字である。

フランスが10・9パーセント（7・5パーセント）、英国が11・3パーセント（4・8パーセント）、イタリアが9・5パーセント（3・7パーセント）、イスラムによる再征服化が叫ばれているスペインも7・3パーセント（2・1パーセント）になると見積もられている。

大ざっぱに言ってしまえば、これから35年後のヨーロッパでは、10分の1がイスラム教徒によって占められることになる。これは、かなりの数字である。

日本人も、とくに戦前には海外に移民することが多かったが、その際に、当初の段階では移民先に日本の宗教を持ち込むことはなかった。後から開教師や布教師が出向き、信者を獲得していくことはあったが、移民先のほとんどがキリスト教の社会であったために、キリスト教に改宗する日本人移民も少なくなかった。日本人としての結束を強めるよりも、現地に溶け込むことを優先したと言える。

これに対して、ヨーロッパに移民したイスラム教徒は、その時点では、それほど強い信仰をもっていなかったかもしれない。ところが、現地の社会には容易に溶け込めないという事態に直面した。その結果、イスラム教の信仰を深めていくことになった。彼らがキリスト教に改宗することは少ないのである。

韓国――キリスト教の驚異的な成長

このように、ヨーロッパでは、キリスト教からイスラム教へという大規模な転換が起こっているが、東アジアの場合には、今のところ、むしろキリスト教が勢いを得てきているように見える。

日本ではそうした事態は起こっていないし、北朝鮮については情報が限られているのでわからないが、韓国の場合だと、戦後、キリスト教が大きく伸びている。

朝鮮半島には、中国から仏教や儒教がもたらされ、伝統的にはこの二つの宗教がせめぎ合ってきた。仏教が日本に伝えられたのも、朝鮮半島を経てのことだった。仏教を公式に伝えるために使者を送ってきたのも、朝鮮半島にできた王国の一つ、百済の聖明王であった。

ただ、14世紀終わりから20世紀はじめまで続いた李氏朝鮮の時代には、儒教が重んじられ、儒教を崇拝する代わりに仏教を排斥する「崇儒廃仏《すうじゅはいぶつ》」の政策がとられた。その結果、仏教の力は衰える。とくに、官僚で貴族階級の「兩班《りょうはん》」は儒教の信仰に従ったので、仏教が権力者に影響を与えることはなくなっていく。

もう一つ、朝鮮半島には、「ムーダン」と呼ばれる巫女《みこ》がいて、シャーマニズムを実践してきた。儒教は支配者のための宗教であり、男性のためのものであったのに対して、女性はそこから排除されたため、ムーダンに救いを求めるしかなかった。

こうした宗教環境のもとにあった朝鮮半島にキリスト教が本格的に伝えられたのは18世紀になってからで、布教が本格化するのは19世紀に入ってからである。朝鮮半島では、社会の近代化が進められようとしていた時代に、ようやくキリスト教が入ってきたのである。これは、16世紀にキリスト教が入ってきた日本よりもかなり遅い。

しかし、儒教の壁は厚かった。また、1910年には日本による「韓国併合」という事態も起こったため、国家権力による強い規制もかかり、キリスト教はそれほど大きくは発展しなかった。

それが、戦後、日本からの独立を果たすことで、キリスト教の布教も自由にできるようになる。さらに、近代社会における儒教の弱体化という現象も起こって、キリスト教は韓国の社会に浸透しやすくなった。

さらに、朝鮮戦争の後、アメリカを中心とした国連軍が入ってくることで、キリスト教が韓国社会により浸透しやすくなった。そのため、1960年代半ばからの「漢江《はんがん》の奇跡」と呼ばれる驚異的な経済成長の時代に入ると、キリスト教が急激に信者数を増やしていったのである。

日本の場合には、戦後急成長したのは、創価学会をはじめとする日蓮系・法華系の新宗教であった。日本では、すでに一般民衆のあいだに仏教の信仰が浸透しており、それが基盤になっていたからである。江戸庶民の間では、法華講《ほっけこう》が盛んだったし、近代に入ると、それを基盤に「日蓮主義」の運動が高まる（日蓮主義については、拙著『八紘一宇――日本全体を突き動かした宗教思想の正体』（幻冬舎新書）を参照いただきたい）。日本の近代社会には、日蓮系・法華系の新宗教が拡大する精神的な土壌が形成されていたのである。

なぜ韓国でキリスト教が広まったか

韓国でも、李氏朝鮮の時代に抑圧されたとは言え、現在でも仏教の信仰をもっている人間は少なくない。人口の4分の1は仏教の信者である。

しかし、経済成長が進めば、地方から都市部への人口の移動が必然的に起こる。韓国の場合には、首都であるソウルを中心とした地域に一極集中する傾向が見られた。

経済成長が始まる1960年の時点で、ソウル首都圏の人口は519万人で、総人口の

20・8パーセントだった。それが、2000年末の時点では、2135万人と4倍近くに増え、総人口の46・3パーセントを占めるにいたった。

最近では、人口集中も限界に達し、ソウル首都圏の人口は減り始めているが、1960年から2000年までの40年間の増加の割合は、まさに驚異的である。

要するに、ソウルを中心とした地域においては、地方出身者が圧倒的多数を占めるにいたったのである。

地方では、社会道徳としては儒教の影響が強く、信仰としては仏教が主体であった。しかし、都会に出てきた時点で、都市部への移住者たちは、そうした信仰を持ち込めなかった。儒教は社会道徳であり、個人の信仰ではない。仏教の場合にも、それは地域共同体の枠のなかで信仰されたものであり、それを個人が都市に持ち込むことは難しかった。あるいは、意味がなかったとも言える。その点は、日本の高度経済成長の時代と共通している。そのとき、キリスト教が彼らを信者として取り込んでいったのである。

ここで一つ重要なことは、日本で広がっているキリスト教と、韓国で広がっているキリスト教のあいだには大きな違いがあるということである。

日本のキリスト教は、19世紀に近代化を進めていくなかで、欧米から採り入れられたものので、キリスト教の信者のなかには、知識階級が多かった。彼らには、西欧の進んだ文明や文化に対する強い憧れがあり、その背後にキリスト教の存在を見ようとした。キリスト教は、日本の神道や仏教に比較して、知的で体系的であり、さらに言えば合理的な信仰であると考えられ、知識階級がとくに関心をもったのである。なかには、津田真道《つだまみち》のように、文明開化を推し進めるために、御雇い宣教師によってキリスト教を広めるよう提言する人間さえ出てきた（『明六雑誌』第3号）。

ただし日本では、キリスト教にそうしたイメージがつきまとうようになった結果、逆に一般の庶民層にまで浸透していくことにはならなかった。庶民にとっては、現実の生活を成り立たせていくことがもっとも重要な課題であり、宗教についても、そうした生活のなかで生じる数々の問題や悩みを解決してくれるものでなければならなかったからである。

現世利益の「偽のキリスト教」

そもそも日本では、仏教と神道が入り混じった信仰が受け継がれてきていた。神仏習《しんぶつしゅう》合《ごう》の強固な体制が築かれていた。それが壁になり、日本にはそれほどキリスト教が浸透しなかったのである。

ところが、韓国では、キリスト教はシャーマニズムの文化と融合し、習合することによって、庶民層にまで広がっていった。それは、日本のキリスト教には起こらなかったことである。

韓国のキリスト教、とくにプロテスタントの宣教師のなかには、説教壇で神憑《かみがか》りするような、日本でいえば新宗教の教祖にあたるような人間たちも少なくない。あるいは、宣教師の熱狂的な説教によって、信者たちが神憑り状態に陥ることもある。そうしたシャーマニズムと習合したキリスト教は、病気治療などの現世利益の実現を約束して庶民の信仰を集めていったのである。

要するにそれは、日本の戦後社会において、日蓮系・法華系の新宗教が、現世利益の実現を掲げ、病気治しなどによって信者を増やしていったのと同じ現象である。そうした信仰でなければ、庶民層にまでキリスト教が浸透することは考えられない。したがって、知識階級に属する韓国人のキリスト教徒は、韓国のキリスト教の大部分は、「偽のキリスト教」であるといった考え方をもっていたりするのだ。

そうした知識人階級のキリスト教観を代表している本が、浅見雅一《あさみまさかず》・安延苑《あんじょんうぉん》『韓国とキリスト教――いかにして〝国家的宗教〟になりえたか』（中公新書）である。

この本は、韓国におけるキリスト教の歴史と現状、あるいは問題点を概説してくれるもので、便利な本である。

だが、この本を読み進めていっても、庶民層に浸透したシャーマニズムと習合したキリスト教については、ほとんどふれられていない。そんなものは、韓国社会に存在しないかのようにさえ思えてくるのである。

わずかに、経済成長期のソウルへの人口集中と宗教との関係について扱った部分で、この時代には、「仏教・儒教・新宗教までもが勢力を伸ばしているが、キリスト教は特に成長が著しかった」と述べられ、その上で「カリスマ的聖職者の許に、その地域とは必ずしも関係のない多数の信者が集まるようになり」と、カリスマ的聖職者という表現が使われている。これこそが、シャーマニズムを実践する教祖的な宣教師のことをさしている。

日本の戦後社会においては、現世利益の実現をうたい文句に新宗教が勢力を拡大したように、韓国では、同じような主張を展開したカリスマ的聖職者に率いられた庶民的なキリスト教が急成長したわけである。これは要するに、プロテスタントの福音派の信仰が広まったということである。

韓国の創価学会に似た組織

アメリカ合衆国中央情報局（ＣＩＡ）が編纂した『ザ・ワールド・ファクトブック』には、韓国ではキリスト教が31・6パーセントで、仏教が24・2パーセントという数字が掲載されている。無宗教が43・3パーセントともっとも多くはなっているものの、キリスト教は仏教を凌駕している。

この数字は、日本のキリスト教徒が1パーセントにも満たないことと比較すれば、驚異的な数字である。別の資料によれば、プロテスタントが全体の18・3パーセントで、カトリックが10・9パーセントとなっている。

プロテスタントの教会のなかで、もっとも強い勢力を誇っているのが、汝矣島《よいど》純福音教会であり、２００７年の時点で、83万人の信者を抱えている。世界には、１００万人の信者がいるとも言われる。

この教会は、１９５８年に趙鏞基《ちょよんぎ》という人物が創始したもので、経済成長の続くなかで、その勢力を大きく伸ばしてきた。ソウルの汝矣島に大規模な教会堂を設け、『国民日報』

という日刊の新聞を出している。

宗教団体が発行する日刊の新聞ということでは、日本の創価学会が出している『聖教新聞』のことが思い浮かぶ。日本で、日刊の新聞を出している宗教団体は創価学会だけであり、それは多くの信者を抱えているからにほかならない。

汝矣島純福音教会も、それだけ大きな勢力を築き上げていると言えるが、この教会の宣伝ビデオを見てみると、さまざまな点で、創価学会に似ているという印象を受ける。海外への進出を大々的に宣伝しているところも似ている。おそらく、汝矣島純福音教会は、日本で創価学会が果たしてきたのと同じ役割を担ってきたことであろう。ただ、創価学会との違いは、政治の世界への進出は果たしていないことにある。

最近では、ソウル首都圏への人口の集中が一段落したせいか、韓国におけるキリスト教の伸びも止まっている。一時は、40パーセントを超すのではないかとも言われていたが、そうした予測は現実味を失っている。

この点でも、創価学会に代表される日本の新宗教と似ている。両者は、驚異的な経済成長による都市部への人口集中によって巨大化したものであり、経済成長が限界に達して、低成長の時代に入れば、それまでとは違って信者を増やしていくことができなくなるのである。

中国——政府と対立する新宗教

おそらく、ほとんどの人は知らないだろうが、2015年9月3日に人類は滅亡するという予言があった。

もちろん、その期日は過ぎてしまったので、この予言は的中しなかったことになるわけだが、2015年9月には世界が水没すると予言していた人たちもいた。

この予言のことは知らない人でも、2012年に人類が滅亡するという予言があったことは覚えているのではないだろうか。

そう、「マヤの予言」と呼ばれたものだ。

古代のメキシコで栄えたマヤ文明では、いくつかの暦が用いられていたが、この文明には歴史が循環していくという考え方があり、暦も、周期を区切る長期暦になっていた。その暦が、2012年の12月21日から12月23日頃に一つの区切りを迎えるようになっていた。

そのため、そこで人類は終末を迎えるのではないかと考えられたのである。

「考えられた」というよりも、そこに着目して、騒ぎを煽《あお》った人間たちがいたという方が正しいかもしれない。

アメリカでは、この予言をもとに、『2012』という映画が作られ、ヒットしたし、日本でも初登場1位を飾るなど、そこそこ当たった。ところが、アメリカや日本以上に大ヒットした国があった。それが中国である。この映画が公開された2009年には、興行成績の第1位を獲得した。


2012年に人類が終末を迎えるという映画が中国で大ヒットしたということは、そうした予言に信憑性があると感じる人たちがいたことを意味する。

日本の場合にも、1973年に起こった「オイル・ショック」の直後に、1999年7月に人類が滅亡すると予言した『ノストラダムスの大予言』(五島勉、祥伝社ノン・ブック)が大ベストセラーになった。翌年には映画も公開されて、これも大ヒットし、『ルパン三世 念力珍作戦』との二本立てだったものの、興行成績の第2位を獲得した。

この時代に、ノストラダムスの予言を知った子どもたちのなかには、自分たちは1999年までしか生きられないと信じるようになった者たちが少なくない。後にそのなかからオウム真理教への入信者が生まれることになるが、高度経済成長の終わりを告げるオイル・ショックが巻き起こした不安は、人類社会の滅亡を信じさせるまでに至ったのだ。

全能神とは何か

中国の場合、2008年の秋に、「リーマン・ショック」が起こり、その影響を強く受けていた。そうした状況のなかで、2012年に人類が滅亡を迎えるという予言が信じられたわけだが、「全能神《ぜんのうしん》」という中国の新宗教の教団は、『2012』の映画が大ヒットして以降、終末論を説くようになっていく。これも、日本で、オイル・ショックの後に、1999年に人類が滅亡するといった終末論を説いた「新々宗教」が台頭したのと共通している。

全能神は、キリスト教系の新宗教で、1991年に黒竜江省において趙《ジャオ》維山《ウェイシャン》という開祖によって創始された。これは、政治的にもかなり過激な集団で、中国共産党を「巨大な赤い龍」と呼んで批判し、それを倒して新しい政府を打ち立てると主張した。したがって、中国政府は、この教団を「邪教」と認定し、その取り締まりを行った。

2012年に人類が滅亡するという予言を利用して、全能神は信者を集めたわけだが、それによって中国政府からは反政府活動の疑いをかけられ、幹部など1000人以上が拘束された。

しかし、最盛期で信者は２００万人を超えたと言われる。組織の規律は厳しく、脱退者を処罰する専門の部署までもっているため、一度入信すると抜けるのが難しいとされている。

２０１４年5月28日には、山東省招遠市にあるマクドナルドの店内で、全能神の信者6人が、入信を拒否した女性を殴り殺すという事件まで起こっている。

中国政府の弾圧

中国の新宗教ということでは、「法輪功《ほうりんこう》」のことが思い出される。

法輪功に対しては、中国政府が徹底的な取り締まりを行った。反対に、法輪功の側は、それが弾圧であると激しく抗議を行ってきた。双方とも、相手を批判、非難する情報を流し続けているので、法輪功がどういった集団で、なぜ取り締まりを受けたのか、必ずしも正確なことがわかっているわけではない。そこに、法輪功問題の難しさがある。

法輪功は、吉林省長春市出身の李洪志《りこうし》という人物が１９９２年に立ち上げた気功の団体であるが、李自身は１９９６年にアメリカに亡命してしまった。

法輪功の存在が中国内外で広く知られるようになるのは、1999年4月25日に起こった事件を通してだった。この日、中国政府や共産党の要人が住む中南海を、法輪功のメンバー1万人が突如取り囲むという出来事が起こったのである。

当局に近い中国社会科学院の学者が法輪功を糾弾する論文を発表し、メンバーのなかに逮捕者が出ているという情報が伝わったからで、抗議のために法輪功はそうしたゲリラ的な行動に出たのだった。

メンバーは、口コミやインターネットを通して指令を受け取り、少人数で中南海に集まってきた。そのため、突如、1万人もの集団が現れたという印象を与え、中国政府を慌てさせたのである（古森義久『北京報道七〇〇日—ふしぎの国の新聞特派員』PHP研究所）。

中国では、そのちょうど10年前の1989年6月3〜4日に、学生たちが中国の民主化を要求して天安門に集結し、武力によって弾圧された「天安門事件」が起こっている。その経験があるだけに、中国政府は法輪功に対して強い警戒感をもった。なにしろ、政府要人のなかにも、その信者がいるとされたからである。

日本の戦後社会でも同じだが、経済発展が続くと、経済格差が生まれ、さまざまな社会矛盾が噴出する。日本の場合には、創価学会をはじめとする日蓮系の新宗教が台頭し、都市の下層民を吸収していった。また、知識階層の予備軍である学生たちの叛乱が続いた。中国でも事態は同じである。

法輪功が勢力を拡大していったときにも、経済格差が広がるなかで、取り残された人々が法輪功に救いを求めたと指摘された。日本の場合、戦後に新宗教が弾圧の対象になったわけではない。だが、中国の場合には、宗教に対して否定的な共産主義の政権であるということもあり、厳しい弾圧へと結びついていった。それは、全能神に対しても同様である。

マルクスは宗教を嫌っていた

共産主義思想を19世紀半ばに体系化したのが、カール・マルクスとフリードリヒ・エンゲルスである。マルクスは、「宗教は、逆境に悩める者のため息であり（中略）、それは民衆の阿片である」という有名なことばを残しており、宗教に対しては否定的である。共産主義の社会が実現されるならば、そのとき宗教は必要とされなくなるという考え方が主張されることもある。

したがって、中国では、宗教を国家によって管理しようとする傾向が強い。日本の内閣に相当する国務院直属の組織として「国家宗教事務局」を設け、そこで、宗教関連の条例や規定の整備、公民の宗教活動の管理、宗教組織が運営する学校の認可、宗教界における愛国主義教育の推進などの業務を行っている。

中国で認められているのは、「五大宗教」と言われるもので、そこには仏教、道教、イスラム教、カトリック、プロテスタントが含まれる。こうした宗教はどれも、全国規模の愛国宗教組織（愛国宗教団体）を有している。いずれも中華人民共和国の成立後に共産党の統一戦線活動の一環として作られた組織であり、党と政府の指導の下で活動を行っている。

このように、中国では、国家が認めた宗教しか活動が許されない。そのため、法輪功に対しては徹底した取り締まりが行われたわけである。中国共産党は、法輪功を社会の安定と団結を乱す非合法組織と認定し、共産党員に法輪功の活動に参加することを禁止する通達を出した。

その後も中国政府は、「反法輪功」、「反邪教」のキャンペーンを展開し、1999年10月30日に開かれた全国人民代表大会（日本の国会に相当）では、「邪教組織の取り締まり、邪教活動の防止・処罰に関する決定」を採択している。

したがって、現在でも、港区元麻布にある中国大使館の前を通りかかると、その向かい側で、法輪功のメンバーが抗議活動を行っている光景を目にする。

「爆買い」の陰で

しかし、法輪功や全能神をいくら取り締まったとしても、経済発展を続けてきた中国の社会において、経済格差が拡大し、そうした社会の発展から取り残された人々が存在するという事実にはかわりがない。

中国では富裕層が増え、「爆買い」などといった派手な消費活動を展開して注目されているが、一方で、経済格差は拡大している。中国社会科学院と社会科学文献出版社がまとめた「社会青書」によると、2012年において、中国の都市部と農村部の住民一人当たりの平均収入の格差は20倍強にのぼった。また、世界銀行の調べでは、同じ年の国民一人当たりの平均所得は6091ドル（約62万円）であったが、農村部ではほとんどが1000ドル以下、つまり、年収が12万円以下なのである。

中国政府は、共産主義の政権である以上、国民のあいだに平等を実現することをめざしてきたはずである。中国は開放政策をとり、市場経済を導入することによって、たしかに驚異的な経済発展を実現した。それによって、中国は世界の大国として、アメリカや日本、そしてＥＵ諸国に対抗できるだけの国力を身につけた。だが一方で、平等の理念は実現されず、経済格差が拡大するに任せてしまっている。

政治に期待できないときには、宗教に頼らざるを得ない。そこで、今中国で注目されている宗教が儒教であり、キリスト教である。

儒教については、１９６６年から69年まで続いた「文化大革命」において、「批林批孔《ひりんひこう》運動」が展開された。これは、毛沢東の追い落としをねらった林彪《りんぴょう》と儒教の開祖である孔子を批判する運動である。

私は、毛沢東が亡くなった翌年の１９７７年夏にたまたま中国を訪問する機会に恵まれたが、そのときに、批林批孔運動が展開されている光景を目にした。

ところが、現在の中国では、倫理道徳の根本にはやはり儒教があるということで、その価値が見直され、儒教を学び直そうという運動が広がりを見せている。中国政府の側としても、社会秩序が乱されることには強い危機感を抱いているわけで、２０１１年には天安門広場の目と鼻の先にある中国国家博物館に10メートル近い高さの孔子像が建てられている。

中国に潜む地下教会

儒教の場合には、中国政府もその復興を積極的に支援しているわけだが、もう一つ、難しい関係をはらんでいるのがキリスト教の場合である。

中国政府が出した「宗教青書」では、中国のキリスト教徒の数はおよそ3000万人で、プロテスタントが2300万人、カトリックが700万人とされている（2010年）。

これに対して、キリスト教会の側は、より多くの数字をあげており、もっとも多いものでは、中国には1億4000万人のキリスト教徒がいると見積もられている。これは、中国の総人口のおよそ8パーセントにあたる。韓国ほどではないが、日本よりははるかに大きい。日本人が考えている以上に、キリスト教は中国社会に浸透しているのである。

ただ、キリスト教に対しては規制が厳しく、当局によって、違法建築の名目で教会が破壊されるといったことも起こっている。

あるいは、カトリックの場合、バチカンとの関係を断ち切った特異な形態をとっている。カトリックは世界的な組織であり、それぞれの国で聖職者の頂点に立つ枢機卿や、その下の司教、司祭について、バチカンが任命したり、許可を出すことになっている。

ところが、中国政府は、海外の宗教勢力の力が国内に及ぶことを嫌い、司教の叙階《じょかい》について、バチカンの許可を得ないまま、勝手に行っている。つまり、中国政府に認められたカトリック教会は、バチカンによっては認められない教会になってしまっているのである。

このように、中国政府が、宗教に対して干渉し、監視の目を光らせ、ときには規制を行ってきた。そんななかで勢力を拡大しているのが、「地下教会」と呼ばれる、政府に公認されていないキリスト教の教会である。こうした教会は、「家庭教会」などと呼ばれることもあるが、指導者がカリスマ性を発揮し、病気治しなどを行う福音派である。中国でも、経済発展が続く国では必ずや台頭する福音派がその勢力を拡大しているのである。

アメリカ・中南米――ローマ法王のアメリカ訪問は何を意味するか

2015年9月の19日から27日にかけて、ローマ法王がキューバとアメリカを歴訪した。同じ時期、中国の習近平国家主席が国賓としてアメリカを訪れ、オバマ大統領と会談したり、ボーイング社の工場を訪れ、300機を「爆買い」したりしたものの、ローマ法王の人気の方がはるかに高く、習主席の存在はすっかり霞んでしまった。

このときキューバとアメリカを訪問したフランシスコは、2013年3月13日に就任した第266代のローマ法王である。前任のベネディクト16世が、法王としては珍しく生前に退任したのを受けての就任だが、アルゼンチン出身で、南米大陸出身のはじめてのローマ法王であるという点に注目が集まった。

ベネディクト16世の方は、ドイツ出身で、数々の著作を刊行しているところに示されているように、かなりのインテリだった。しかし、カトリックの信徒のあいだでの人気は今一つで、その存位期間にバチカンを訪れる信徒の数がかなり減ったと言われている。

それに対して、現在のフランシスコは、人柄が気さくだということもあり、人気は高い。社会主義国のキューバでは3都市で大規模な野外ミサを行い、カストロ元議長とも会談した。

アメリカでも、法王は大歓迎を受け、メディアもその動静を逐一伝えた。アメリカでは、カトリックは少数派で、アメリカ国民全体の5分の1程度を占めるにすぎない。法王を歓迎したのは、おそらくカトリックの信徒に限られないことだろう。

ローマ法王が訪れたとき、キューバとアメリカとのあいだでは国交正常化の交渉が進み、キューバ革命以来断絶していた両国の関係が修復されようとしていた。この国交正常化にも、フランシスコが寄与したのではないかとも伝えられている。

聖ペテロの遺骨を公開する

フランシスコが法王に就任して以来、カトリック教会のかじ取りをどのように進めていくかに注目が集まっている。すでに述べたように、ヨーロッパでは教会離れが進行し、社会に及ぼす教会の影響力が大幅に低下してきているからである。前法王の不人気も、カトリック教会のおかれた厳しい状況と無関係ではない。それに拍車をかけたとも言える。

フランシスコは、カトリック教会の危機を、昔のあり方に戻ることによって克服しようとしているようにも見える。「昔のあり方」とは、あまり合理主義の方向には向かわせないということである。

具体的な現れとして、就任して間もない2013年11月24日に、バチカンのサンピエトロ広場で、イエス・キリストの十二使徒のなかで、トップにあったとされる聖ペテロの遺骨をはじめて公開したことがあげられる。

こんなことを言っても、カトリックに詳しくない読者には、これがもつ意味はまったくわからないだろう。

仏教の場合、開祖である釈迦の遺骨を「仏舎利《ぶっしゃり》」という形で、塔を建てて祀ることが行われたが、カトリックでは、殉教した「聖人」の遺骨を崇拝の対象とする「聖遺物崇拝」が中世の時代から流行した。ヨーロッパ各地にある教会や聖堂は、こうした聖遺物を祀るために建てられた場合が多い。十字軍も、エルサレムから大量の聖遺物を持ち帰ったし、その売買や強奪といったことも行われた。

聖遺物のなかには、聖母マリアの乳などといったとんでもないものもあり、宗教改革家であるカルヴァンが厳しく批判をしているものの、それを信仰すれば、病気治しなどの奇跡が起こるということで、この信仰の人気は高い。

その点で、聖ペテロの遺骨となれば、第一級の聖遺物であるということになる。ただ、それが本当に聖ペテロのものかどうかについては議論があり、いまだに決着を見ていない。DNA鑑定など不可能だからである。

フランシスコが、就任早々にこうした試みを行ったのも、さまざまな点で危機にあるカトリック教会を立て直す必要があるからである。ヨーロッパでの衰退とともに、カトリックの聖職者による性的な虐待の頻発という事態も、法王が解決していかなければならない重大な事柄である。性の解放が進んだ現代において、聖職者が独身を貫くということは容易ではない。女性の聖職者を登用すべきだという声もある。

アメリカにも広がる無宗教

キューバやアメリカで法王が大歓迎を受けたという報道に接すると、アメリカ大陸では、依然としてカトリックは強い勢力を保持しているかのように思われるかもしれない。

しかし、決して盤石ではない。

アメリカにおいては、キリスト教が圧倒的多数を占めている。そもそも、神を信じている人間がほとんどで、世論調査会社・ギャラップの2011年の調査では、92パーセントにものぼっている。もっとも、1967年には、その割合は98パーセントにも達していたので、アメリカでさえ、神を信じる人間の割合は減少の傾向を見せていると言える。

キリスト教のうちプロテスタントが全人口に占める割合は、やはりギャラップによれば、2014年で37パーセントである。これに対して、カトリックは23パーセントで、モルモン教とユダヤ教がともに2パーセントである。

プロテスタントとカトリックで全体の60パーセントを占め、さらには、特定の教会に所属していないキリスト教徒が10パーセントにのぼる。これを合わせるとアメリカ人の70パーセントがキリスト教徒としての自覚をもっていることになる。

これは、世界的に見れば、まだまだ高い数字であり、アメリカがキリスト教の影響力の強い国であることを示している。だが、その中身を見ていくと、いろいろと問題があることがわかる。

たとえば、プロテスタントは、1948年の時点で全体の69パーセントを占めていた。2014年の倍近い。55年には70パーセントに達し、戦後ではもっとも高い数字だった。それが次第に減り始め、2000年には52パーセントで、10年では45パーセントだった。それが14年に37パーセントに減少したのだから、2010年代に入って激減していると見ることができる。

一方、カトリックの方は、1948年には、2014年とほとんど変わらない22パーセントだった。それが1980年と85年には28パーセントと増えたものの、近年になってやはり減少している。

その代わりに、特定の教会に所属していないキリスト教徒が増えている。そして、キリスト教やユダヤ教以外の宗教が2014年では6パーセントになっている。この大半はイスラム教徒だろう。そして、無宗教が16パーセントにも達しているのだ。

1948年の時点では、他の宗教は0パーセントで、無宗教もわずか2パーセントだった。建国の事情から考えて「神の国」とも言えるアメリカでも、近年になってキリスト教の力が衰え、イスラム教が台頭するなかで、全体としては急激に世俗化という事態が進んでいることになる。

カギを握るヒスパニック

日本を含め、他の先進国では、人口の減少という事態に直面しているが、アメリカだけは例外である。2010年には、アメリカの人口は3億人を突破し、14年では3億1890万人に達している。1億5000万人を超えたのが1950年だから、この60年間で人口が倍増したことになる。

2010年までの10年間でも、人口は3000万人増加している。その半分がヒスパニックである。2010年の時点で、アメリカには5000万人を超えるヒスパニックが生活しており、全人口の16・3パーセントを占めている。これはアフリカ系（黒人）よりも多い。

ヒスパニックの3分の2がメキシコ出身である。メキシコからの移民が多いカリフォルニア州では、18歳以下の子どものうち、なんと51パーセントがヒスパニック系になっている。2060年には、ヒスパニック系がアメリカ全体の31パーセントを占めるようになるのではないかという推計もある。アメリカは、ヒスパニック中心の国になろうとしているのだ。

ヒスパニック系の場合、カトリックの信仰が強い。アメリカに多くの移民を送り出しているメキシコでは、2010年の時点で、カトリックが全体の82・7パーセントを占め、プロテスタントはわずか1・6パーセントである。

ということは、アメリカにおいてヒスパニックの人口が増えれば、カトリック信徒の割合は自然と増えるはずである。

ところが、すでに見たように、アメリカのなかでカトリックの信徒の割合は決して増えてはいない。人口が増加しているので、信徒数自体は増えているものの、割合はそれほど増えていないのだ。

なぜなのか。

それについては、『ニューズウィーク日本版』で、河東哲夫《かわとうあきお》が書いている。2015年10月2日付の「あの習近平もかすんだローマ法王訪米の政治力」という記事のなかにおいて河東は、「近年カトリックはヒスパニック系移民の大量流入にもかかわらず、米総人口の中での比重を下げた。しかもヒスパニック系の間でさえ、若年層を中心に福音派教会に宗派替えする例が増え、信者の老齢化を招いている」と指摘している。

プロテスタントの福音派教会は、すでにふれた韓国や中国で、経済発展とともに勢力を拡大した日本の新宗教にあたるような存在である。

ヒスパニック系の場合、メキシコをはじめとする中南米の国々で生活しているあいだは、伝統的なカトリックを信仰している。

ところが、アメリカにやってくると、状況は大きく違ってくる。カトリックは多数派ではないし、自分たちがアメリカ社会では民族的に少数派であるため、結束していかなければならない。そのとき、奇跡信仰や病気治療を宣伝して信仰心を煽る福音派に対する信仰が高まっていくのである。

河東は、そうした事態を踏まえ、ローマ法王のアメリカ訪問には、アメリカにおけるカトリック教会のてこ入れの意味があると分析している。法王に対する人気が高まっている現在の状況のなかで、法王が直接、アメリカを訪れることは絶大な効果を発揮する。なにしろ、アルゼンチン出身のフランシスコは、ヒスパニックが使うスペイン語を母国語としているからである。

フランシスコが法王に選出されたとき、はじめての南米出身ということに意味があると言われた。中南米は、カトリックの牙城である。ところが、その中南米においては、アメリカに移民したヒスパニックがそうであるように、カトリックの信仰を捨ててプロテスタントの福音派に転じる人間がかなり増えており、牙城も危機の様相を呈しているのである。

それを反映して、就任直後のフランシスコは、まず、南米のなかでもとくにカトリックの勢力が強いブラジルを訪問した。2013年7月22日から28日までのことである。世界中のどこよりも、ブラジルが新法王の最初の訪問地となったことは、いかにカトリック教会がブラジルを重視しているかを示している。

新法王のブラジル訪問の主たる目的は、ワールド・ユース・デーに参加することにあった。これは、1984年に当時のローマ法王、ヨハネ・パウロ2世が提唱して始まったものので、2年から3年おきに開かれている。

ブラジルで開かれたのははじめてで、中南米でも最初の大会になった。会場となったのは、有名なコパカバーナ海岸で、この日、300万人の信者が集まったといわれる。

南米は〝心配の大陸〟に変わった

新法王はブラジルでも大歓迎を受け、訪問は大成功であったということになるが、ブラジルにおけるカトリックの状況はかなり苦しい。

1980年に、ブラジルではカトリックの信者の割合が90パーセントを超えていたものの、プロテスタントの福音派に改宗する人間が多く、現在は60パーセントに低下しているからだ。

ブラジルは、BRICSの一角を占めており、経済発展が著しい。それは、福音派を増やす恰好の条件になっている。やはりカトリックは危機的な状況にあるわけである。

カトリック教徒は、世界全体で12億人いるとされるが、そのうちの4割を中南米の信者が占めている。そして、ブラジルの信者は1億2000万人にも達しているから、ブラジルが牙城でなくなることは、バチカンにとって大きな痛手である。

ほかの中南米諸国でも状況は同じで、アメリカへの移民が多いメキシコでは、第2バチカン公会議以前と比べると、2004年現在、10パーセントの信徒が教会を離れたとされている。第2バチカン公会議は、カトリック教会の近代化をはかるために、1960年代はじめに開催された。

また、グアテマラでも、人口の3分の1がカトリック教会を離れ、ほとんどが福音派のプロテスタントになったとされている。

1993年の時点で、ラテンアメリカにおいて、「毎年カトリック教会は60万の信徒たちを失っている」という報告がすでに出ていた。

そして、2004年10月21日のディエゴ・セヴァジョス（メキシコ）のレポートによれば、バチカンにとって「ラテンアメリカは、〝希望の大陸〟から〝心配の大陸〟に変わった」というのである。

カトリックの危機は、ヨーロッパにおいてだけのことではない。中南米においても、相当に危機的な事態が進行している。ローマ法王が訪れて、人気を博したとしても、それは、カトリック教会の凋落に歯止めをかけるまでには至っていないのである。

4章

なぜ、宗教が終焉に向かいつつあるのか

なぜ世界の宗教は世俗化に向かっているのか

ここまで、今、世界の宗教に何が起こっているのかを見てきた。まとめてみれば、次のような事態が起こっていることになる。

まず、ヨーロッパを中心とした先進国では、キリスト教の教会離れが急激な勢いで進行している。これは、近代社会になって以降、それに伴って必然的に起こる「世俗化」が勢いを増していることを意味する。

ただ、なぜ近年になって世俗化に勢いがついたのかということは大きな問題である。そこには、先進国の高度資本主義が、行きつくところまで行きついたということが関係している可能性がある。あるいは、資本主義自体が新しい段階に入ったということなのかもしれない。

一方で、現在でも経済成長が急速に進行している国々では、プロテスタントの福音派が勢力を拡大している。本書では、とくに韓国、中国、ブラジル、そしてアメリカのヒスパニック移民について見てきた。福音派は、数あるプロテスタントの宗派の一つだが、病気治しなどの奇跡を強調し、カリスマ性を発揮する牧師の扇動的な説教によって信者たちが鼓舞され、熱狂的な信仰を生むところに特徴がある。

プロテスタント福音派とは何か？

ここで福音派とは何かについてひとことふれておく。福音派とは、イギリスに起源があり、アメリカに伝わって、その勢力が拡大していったものである。

最近、日本の論壇では、「反知性主義」という言葉をよく耳にするが、もともとこの反知性主義とは、アメリカにおけるプロテスタントの福音派を指して使われたものである。

アメリカの福音派では、聖書に描かれた人類の創造の物語こそが真実であるという立場をとり、公立の学校で進化論を教えることを批判する。あるいは、人工妊娠中絶に対しても批判的で、中絶の禁止を政府に対して訴えている。「産めよ、殖やせよ」という神の教えに反すると考えるからだ。そうした主張は科学に逆行するということで、福音派に批判的な知識階層からは、反知性主義であるとの指摘を受けているわけである。

アメリカの福音派は、政治的な運動としての性格も併せ持っている。この運動は、ロナルド・レーガンや、ブッシュ親子を大統領に就任させる上で、大きな働きをした。福音派に集うのは白人が中心であり、保守的な政治思想をもつ中西部の人間たちが多い。逆に、東海岸や西海岸には福音派は少ないのである。

ただ、こうしたことはアメリカの特殊な状況で、経済成長が続く国の福音派には当てはまらない。そうした国々では、経済発展から取り残されたような状態におかれた中下層の人間たちがターゲットであり、アメリカの福音派よりも、日本の戦後の新宗教に近いとも言える。要は、創価学会などの日蓮系新宗教が果たした役割を、各国の福音派が果たしているわけである。

高層ビルが建ち並ぶイラン

ヨーロッパにおいては、キリスト教の著しい退潮が進む中で、イスラム諸国からの移民が増え、イスラム教が勢力を拡大している。すでに、西ヨーロッパ各国のイスラム教徒の割合はおしなべて5パーセントのレベルに達しており、これは、15年後には10パーセントに達すると見込まれている。

人口の1割と言うと、それほど多くはないと思われるかもしれないが、移民が住んでいる地域には偏りがあるわけで、場所によっては、すでにイスラム教徒がキリスト教徒を凌駕して多数派になっているところもある。このまま事態が進めば、その傾向はより顕著なものになっていくものと予想される。「ヨーロッパのイスラム化」は、決して夢物語ではない。それは、ヨーロッパのイスラム教徒ではない人間には、重大な脅威として受け取られているのである。

ヨーロッパで産業革命が起こり、社会の近代化が推し進められるようになった時代には、科学や技術の進歩が続けば、合理性を欠いた宗教というものは、早晩その力を失っていくであろうと見込まれた。先進国で進行している世俗化という事態は、そうした予測が間違っていなかったことを証明しているかのようにも見える。だが、プロテスタントの福音派の台頭や移民の増大によるイスラム化といったことは、かつては想定されていなかったことである。

ただ、これからを考えると、現在の事態がそのまま同じように続いていくかと言えば、必ずしもそうではないだろう。

最初に述べたセオリーに従って考えるならば、日本の戦後社会で起こったのと同じことが他の国々でもくり返される可能性がある。

つまり、福音派の台頭にしても、イスラム教の勢力拡大にしても、どこかでその伸びや原点回帰の方向性が変わり、運動として退潮するとともに、世俗化の様相を呈していくのではないかと考えられるのである。

実際、すでに述べたように、戦後急速にキリスト教が拡大した韓国では、その伸びは止まりつつある。国民の半数以上がキリスト教に改宗する見込みはないし、全体の40パーセントを超えることも難しいであろう。

イスラム教の場合、移民によってヨーロッパに移り住み、そこでヨーロッパ社会に受け入れられないことで、イスラム教に回帰し、宗教の力によって結束をはかろうとしてきた面がある。だが、イスラム教のコミュニティーが拡大し、それが移民先の社会において一大勢力として影響力を増していくならば、より豊かな生活を求めて世俗化への道を歩んでいくことも考えられるのである。

その先駆となっているのが、イスラム革命が起こり、イスラム教復興の上で重要な役割を果たしてきたイランである。

イランでは、イスラム革命によって、イスラム教の法学者であったアーヤトッラー・ルーホッラー・ホメイニーが最高指導者となり、彼の主張する「法学者の統治論」をもとにして、社会のイスラム化が推進された。

しかし、そのイスラム革命から35年の歳月が過ぎ、イランは経済発展をとげた。この10年間で、国民1人当たりのGDPは3倍に伸びたと言われる。

そうなると、国民の生活は豊かなものになり、中間層が増大する。街には高層ビルが建ち、若者たちは欧米流のファッションを身にまとっている。SNSの利用は政府によって制限されているが、多くの人間が規制をかいくぐり積極的に活用している。それにつれて、革命への関心は失われ、革命以前のように、イランは世俗国家の道を歩むようになってきているのである（『エコノミスト（UK）』誌）。

ヨーロッパの移民が今以上に経済的な豊かさを享受するようになったとき、イランと同じ事態が起こる可能性は十分に考えられる。それは、イスラム教のあり方とも深く関係する。イスラム教は、キリスト教と異なり禁欲を重視する宗教ではないからだ。

イスラム学者・中田考氏との対談

そもそもイスラム教の創始者である預言者ムハンマドは商人であり、その信仰は最初、商人のあいだに広まった。神のメッセージであるコーランには、神と人との関係を商売における取引の関係にたとえている箇所さえある。中東以外の地域にイスラム教を広めたのも、アラビア商人であった。その点で、イスラム教は本来、経済発展と親和的な性格をもっていると言えるのである。

私は、イスラム教徒でもあり、コーランの日本語訳を行うなど、イスラム世界でも屈指の学者である中田考氏との対談本、『世界はこのままイスラーム化するのか』(幻冬舎新書)を刊行している。

最後の章は、「イスラームは気前がいい」と題されていて、イスラム教の経済観について考察を深めた内容になっている。

そこでは、イスラム教が商人の宗教として出発したことについてふれられているが、逆にそうである以上、禁欲主義と無縁であることが話題にのぼった。

私たち日本人は、仏教とキリスト教についてなじみがあるために、この二つの宗教に見られる「出家」というあり方が普遍的なものであると考えがちである。仏教の僧侶も、キリスト教カトリックの神父や修道士も、世俗の生活を離れ、宗教生活に専念する存在である。

ところが、イスラム教には出家した人間はいない。

仏教には僧伽《そうぎゃ》、キリスト教には修道院というように、出家者だけで構成された集団があるが、イスラム教にはそれがまったくないのである。

イスラム教徒はすべて俗人であり、厳密な意味では聖職者そのものがいない。イスラム教聖職者と言うときには、主に礼拝を指導し、説教などを行うイマームのことをさすが、イマームも俗人であり、家庭生活を送っている（なお、シーア派では、イマームには最高指導者としての意味があり、その点でスンニ派とは異なっている）。

さらにイスラム教では、けちであることが否定され、気前の良さが重視される。金を儲けても、それを貯め込んではならず、余っているのなら、イスラム教の5つの信仰行為の一つに含まれる「喜捨」をしなければならないと考えられている。つまり、貧しい人に施したり、モスクの建設や維持に使わなければならないのである。

対談をしていてとても興味深いと感じたのは、イスラム教における借金について話題が及んだときだった。中田氏は、ムハンマドが、「全ての貸与は喜捨である」、「二回お金を貸すことは、喜捨を一回することに等しい」ということばを残していると述べ、金を貸す行為が喜捨の一種と見なされていることを指摘した。それを踏まえて、次のようなやり取りが行われた。

島田　では、お金を貸して、相手が返せなくなったら……。
中田　そのときは諦めるんです。
島田　あっさりとですか？
中田　返せないものは返さなくていいよ、というのがイスラームなので。
島田　それはまた随分と寛容な考え方ですね（笑）。

最近では、イスラム金融のことが話題になり、多くの人たちが、イスラム教では利子が禁じられているということは認識するようになった。その点でも、金を貸すことによって利益を得るというやり方は、イスラム教の教えに反しているのである。

商人の宗教として始まり、気前の良さを重視するイスラム教において、経済の発展を制約しようという考え方は生まれない。利子を否定する以上、金融資本主義という方向性にはなじまないが、禁欲という考え方が重視されない点で、人々が豊かさを求めることは肯定されるわけである。

イスラム教が支配的なイラン以外の国々でも、順調に経済発展が続いていくならば、古いイスラム教のやり方に戻ろうとする傾向は薄れていく。その点で、イスラム教の拡大が、そのまま宗教の力がより強くなることを意味しない可能性が考えられるのだ。

となると、現時点では、福音派やイスラム教において宗教復興、宗教回帰の動きが起こっているように見えたとしても、それは一時的な現象に終わるかもしれない。それが行き着くところまで行き着けば、動きは反転し、世俗化の方向へむかっていく。ヨーロッパのキリスト教社会や日本の戦後社会がたどったのと同じ道を歩んでいくことになるかもしれないのである。

地方の寺院が衰退している

この本では冒頭で、日本社会において新宗教が退潮していることを指摘し、それが既成宗教にも及んでいることについても言及した。詳しくは、後に述べていくことになるが、日本も先進国である以上、世俗化を免れることはできない。面では、宗教ブームの様相も呈してはいるが、基本的な方向性としては、ヨーロッパのキリスト教世界と同じように世俗化が進行していると見なければならないだろう。

世俗化は、宗教の影響力が社会から消えていくことを意味する。

たしかに、近代以前の時代においては、宗教の影響力が圧倒的で、それが生活のあらゆる分野を規制しているような状態が続いた。その点で、宗教の影響力から逃れることを望む人たちも少なくなかった。

しかし、世俗化が進めば、人々が宗教とかかわりをもつことは少なくなり、教会やモスク、あるいは寺院や神社に人は来なくなる。そうした宗教施設は、そこを訪れる人々の喜捨や寄進によって維持されている。そうなると、宗教施設を維持することが困難になる。実際、ヨーロッパのキリスト教会はそうした状況にあり、すでに述べたように、教会が売却されて、モスクになっている例もある。

日本でも、鵜飼秀徳『寺院消滅―失われる「地方」と「宗教」』(日経BP社)という本が刊行され、話題になった。この本は地方の寺院をルポし、その衰退の状況を明らかにしたものである。地方では、深刻な人口の減少が進み、それによって檀家が失われることで、寺院の存立が難しくなっているのである。

日本もまた、人口減少社会に突入したことで、宗教が力を失うという方向へむかっているのである。

5章

宗教と「資本主義経済」の密接な関係

利子をとらないイスラム金融

それが果たしていつのことになるかは定かではないが、人類社会から宗教は消え去ろうとしている。近代化に伴う世俗化という現象は、どうやら後戻りしそうにはない気配を見せているのである。

福音派など、流行している宗教であっても、今が頂点であり、やがては他の宗教と同様に衰退していく可能性が高い。人類は、誕生以来、その生存に不可欠のものとしてきた宗教から根本的に離脱しようとしている。

そのなかで、商人の宗教として始まったイスラム教は、利益の追求を禁止しない点で資本主義とは親和的である。

ただし、イスラム法は利子をとることを禁じており、そこには金融資本主義の方向へむかうことを妨げる力が働いている。その点では、本来なら、金融機関の発達を許さないとも言えるのだが、近年では、「イスラム金融」が生まれ、独自の金融システムを築き上げようとしている。

もともとイスラム教の世界では、何らかの事業を展開するとき、事業の主体を担う側と、それに投資する側が共同で出資し、利益が出ればそれを折半し、損失が出た場合にも、同じように両者が損を被るというやり方がとられてきた。イスラム金融は、その仕組みを現代化したものであり、今日ではさまざまな金融機関がイスラム世界に登場している。

信仰とのかかわりということで、イスラム金融が注目されるのは、イスラム金融機関のもとをたどると、メッカ巡礼をめざす人々がそのための資金を共同で貯めるシステムに行き着くからである。

イスラム教では、礼拝などの重要な信仰行為が5つあり、それは「五行」と呼ばれる。その五行のなかには、メッカへの巡礼も含まれており、メッカへの巡礼を果たした人間は「ハッジ」と呼ばれ、周囲から高く評価される。ハッジということば自体がメッカへの巡礼を意味する。

イスラム教の暦では、一年に一度、「巡礼月」がめぐってくる。そのとき巡礼を果たせるのは全体でも250万人程度で、人数は制限されている。世界には16億人のイスラム教徒が存在するとされているので、全員がメッカ巡礼を果たすことは不可能である。そのため、ハッジは今でも憧れの存在なのである。

巡礼を果たすには資金が要る。イスラム教徒は以前から共同で金を出し合い、資金を貯め、毎年順番に巡礼を果たすというやり方をとってきた。これは、日本にもあるもので、たとえば、伊勢神宮に参拝することを目的とする「伊勢講」では、やはり資金を出し合い、代表が参拝するという形をとってきた。

イスラム金融の機関は、こうした巡礼資金を貯めるための行為から生み出されてきたことになるが、その代表が、1963年にマレーシアで設立されたマラヤ・ムスリム巡礼貯蓄銀行である。マレーシアからメッカのあるサウジアラビアまでは遠い。そこで、こうした機関の設立が必要となったのである。

イスラム金融の場合にも、その機関には、社外取締のような形で、イスラム教の法学者が関係している。取締役会に出席し、企業が行おうとする事業やそのあり方が、イスラム教の教えにかなっているかどうかをアドバイスするのである。

その点で、イスラム教の信仰は、経済活動の全般に深いかかわりをもっていることになる。

キリスト教と資本主義の関係

では、キリスト教世界の場合に、信仰と経済との関係はどのようになっているのだろうか。キリスト教の信仰は果たして資本主義と親和的なものなのだろうか。それを問わなければならない。

まずその際に押さえておかなければならないのは、イスラム教とキリスト教との宗教としての性格の違いである。

イスラム教の場合、宗教の世界と世俗の世界は一体であり、両者は分かち難く結びついている。現実の世界と神聖な信仰の世界は区別されていない。したがって、イスラム教の聖職者は皆俗人であるということになる。

それに対して、キリスト教の場合には、（ここでは基本的にカトリックにおいてということになるが）、宗教の世界と世俗の世界とは厳格に区別され、両者は分離されている。俗にまみれた現実の世界と、神聖な信仰の世界は区別されており、聖職者は、世俗の世界を捨てなければならない。キリスト教の聖職者は、誰もが生涯独身であることを誓い、神に徹底して仕えるのである。

この違いは、二つの宗教の世界観にも影響を与える。

イスラム教では、商売による金儲けはそのまま正当な行為として認められるが、キリスト教ではそうではない。キリスト教でむしろ強調されるのは、「禁欲」ということである。

キリスト教の聖職者は、禁欲を貫かねばならず、性的な欲望を満たそうとしてはならないと定められるとともに、労働に勤しむことも基本的には禁じられている。修道会のなかには、労働を高く評価し、それを実践のなかに取り込んでいるところもあるが、神父などは、基本的に宗教行為に専念し、ほかに仕事をもたない。

ただし、プロテスタントの場合には、そうした世俗の世界から離れた聖職者は存在しない。牧師は皆俗人であり、結婚し、家庭生活を営んでいる。その点では、イスラム教の指導者の場合と共通している。

アダムとエバの影響

では、プロテスタントでは、カトリックにおいて禁欲が重視されているのと違い、禁欲的な傾向は見られないのだろうか。

実はそうではない。プロテスタントの世界では、禁欲ということは信者全員が追求すべきこととされ、むしろ、それが奨励されているのである。

それは、キリスト教の信仰において、「原罪」の観念が存在するからである。それは、旧約聖書の『創世記』に記されたエデンの園におけるアダムとエバの物語に遡る。神は、2人に対してエデンの園に生えているもののなかで、善悪を知る木の実だけは食べてはならないと命じた。

ところが、蛇に誘惑されたエバは、その禁を破ってしまい、アダムにもそれを食べるよう誘った。これで、2人は楽園であったエデンの園を追われることになる。2人には楽園追放とともに、生きていくための糧を得る労働と死を運命づけられたのだった。

『創世記』に記されたことは、神話的な物語であり、そこでは2人の行為が原罪としてとらえられているわけではない。しかし、木の実を食べたアダムとエバが、裸でいることに恥ずかしさを感じるようになったとされていることから、やがて2人は性の快楽を知ったものと解釈されるようになり、さらには、蛇はサタンであると考えられるようになる。こうして原罪の観念が生み出されていく。なお、この原罪の観念は、ユダヤ教にもなかったもので、イスラム教にも受け継がれなかった。

キリスト教の聖職者が生涯独身を守ることを求められるのも、こうした原罪の観念があるからである。それを免れるためには禁欲を貫くことが不可欠とされた。それはさらに俗人にも求められるようになり、子どもを作るために生殖活動を行うことは認められても、性的な快楽の追求ということは神の教えに背くこととらえられるようになる。

マックス・ヴェーバーの考察

ドイツの社会学者であるマックス・ヴェーバーが、聖職者に求められる禁欲を「世俗外的禁欲」ととらえ、俗人に求められる禁欲を「世俗内的禁欲」ととらえて、後者の世俗内的禁欲から資本主義の精神が誕生してくる過程を追っていったのが、『プロテスタンティズムの倫理と資本主義の精神』（大塚久雄訳、岩波文庫）という宗教社会学の古典的著作である。

ヴェーバーがとくに注目したのがカルヴィニズムである。

プロテスタントは、宗教改革を経て生み出されてきたが、カルヴィニズムは、フランスで生まれ、スイスのジュネーブで活動したジャン・カルヴァンに遡る。カルヴァンは、神の絶対性を強調する教えを確立していった。

ヴェーバーがカルヴィニズムに着目したのは、16世紀から17世紀にかけて、資本主義がもっとも発達したオランダ、イギリス、フランスにおいて、カルヴィニズムが広まっていたからである。

カルヴィニズムは、神の絶対性を強調することで、「予定説」という考え方を生み出していく。予定説においては、現実の世界をはるかに超越している神は、最後の審判が訪れたときに救済される人間をあらかじめ決めているとされる。ただし、人間の側は、自分がそのなかに含まれるかどうかを教えられていないのである。

その個人が救われるかどうかがすでに決められているのなら、いくら善行を積んでも、それは意味をなさない。逆に、悪をなしても変わらないことになる。そうであれば、悪をなしてもかまわないという考え方が生まれかねない。

そうした矛盾を回避する考え方としてヴェーバーが持ち出してきたのが、もう一人の宗教改革家、マルティン・ルターが唱えた「天職」の考え方である。

天職には、神から与えられた使命という意味がこめられている。ヴェーバーは、プロテスタントの勢力が優勢な民族のあいだにはこの天職にあたることばが存在するが、それ以外のカトリックが優勢な地域などでは、そうしたことばを見出すことができないとする。

その上でヴェーバーは、労働は、「神の定めたもうた生活の自己目的なのだ」と述べ、個人のなかに労働に対する意欲があるかどうかが、その人間が救済を予定されている証になると解釈した。救われている者は、ひたすら労働に打ち込むが、救われていない者は怠惰になるというのだ。

さらにそこに、プロテスタンティズムの世俗内的禁欲の考え方が導入されると、享楽を追求することや、奢侈《しゃい》的な消費は否定される。ただし、財の獲得を倫理に反するものとしてとらえる伝統的な価値観も否定され、利潤の追求ということ自体は正当化される。それは、むしろ神の意志に沿うものとされたのだ。

すると、神による救いを天職の実践を通して実感している人間は、ひたすら働くとともに、節制し、禁欲的な生活態度をとることになる。そして、勤勉に働いた結果得られた利益については、それを個人の快楽を追求するための消費に回すのではなく、資本として蓄積し、さらなる経済活動の拡大のために投資していく。それこそが、プロテスタンティズムの倫理にもとづく資本主義の精神の誕生だというのが、ヴェーバーの基本的な理解であり、主張なのである。

資本の暴走は阻止できない

このヴェーバーの説が正しいとするなら、資本主義の精神というものは、相当に倫理的なものであり、その点では、社会の堕落といった方向にはむかわないはずである。それは、信仰に根本的に反するからだ。

しかし、ヴェーバーは、そこに重大な問題があることを忘れてはいない。世俗内的禁欲の実践の結果、いったん資本主義の精神が形成されれば、資本の蓄積が起こる。そうなると、資本の蓄積が自己目的化され、神の意志に従って生きようとするプロテスタンティズムの倫理は失われていくというのである。

たしかに、プロテスタンティズムの倫理が確固としたものとして確立されているのならば、今日のアメリカに見られるような強欲な資本家というものは生まれない。企業のトップにしても、とんでもない高額の給与をとり、それで豪勢な生活を送るということにはならないはずである。

しかし、信仰が資本の蓄積をいったん許すと、あるいはその方向を推し進めることになると、人はひたすら利潤を追求し、金儲けに走るようになる。ヴェーバーは、その議論のなかで、人々がそちらの方向にむかうことを妨げる要因の存在を指摘していない。プロテスタンティズムの倫理は、資本の論理の暴走を阻止することはできないのである。

むしろ、そうした資本のもつ力について分析を行ったのがカール・マルクスである。マルクスは、もともと哲学者であったが、経済学の分野に転じ、資本主義の経済や社会の分析を推し進めることになる。

マルクスといえば、ともに活動したフリードリヒ・エンゲルスの名前があがり、2人は、「マルクス・エンゲルス」と並び称されることが多く、共産主義の革命家というイメージが強い。

しかし、共産主義社会の実現をめざすことを宣言した『共産党宣言』は、「一つの妖怪がヨーロッパにあらわれている」という衝撃的なことばで始まり、所有地を収奪し、地代を国家の経費にあてるとか、強度の累進税などを共産主義社会実現のための具体的な方法としてあげているものの、共産主義社会がいったいどういうものになるのか、必ずしもその具体的なビジョンを示しているわけではない。むしろ、マルクスの真骨頂は、ビジョンを語ることではなく、資本主義の冷徹な分析の方にあったのである。

ユダヤ・キリスト教が経済に与える影響

マルクスの思想は、必ずしも来たるべき共産主義の社会がいかなるものになるか、その具体像を示すものではなかった。ましてや、いかにして資本主義の社会に代わる新しい社会を築いていけばいいのか、具体的なプロセスを教えてくれるものでもなかった。

その後、共産主義の革命はロシアで現実のものとなり、ソビエト連邦が成立する。だが、それが残虐な粛清を伴う抑圧的な国家の形成に結びついてしまったのも、もともと共産主義社会の明確なビジョンが確立されていなかったことが影響していたように思われる。

マルクスとその同志となったエンゲルスが活動を展開していた19世紀においては、資本主義の矛盾が露呈し、階級間の対立が激化していた。そうした状況のなかで、共産主義という資本主義に代わる社会システムは、とくに抑圧された立場にある人間たちには魅力あるものに映ったのだ。

だが、マルクスが主に行ったことは、資本主義システムの分析であり、その点では、近代経済学と変わらなかった。実際、マルクスは、分配の問題についてデヴィッド・リカードの影響を受けているし、その経済学の中心に位置づけられる「労働価値説」についても、やはりリカードやアダム・スミスの議論を受け継いだものであった。マルクスがモデルとしたのは古典派経済学であり、その点でも近代経済学と同じ方向性をもつものであった。

ただし、近代経済学が、資本主義のシステムの分析を行い、その上で、より安定的なシステムを生み出すための政策や方策を考え出そうとしたのとは異なり、マルクスの場合には、矛盾を蓄積させた資本主義のシステムがやがて崩壊せざるを得ないことを明らかにすることに力点がおかれていた。

キリストの終末論とマルクスの共産主義

マルクスが資本主義の崩壊の先に共産主義社会の到来を想定したことは、一種の予言である。そこには人間の力というものは働くことがないと考えられていた。資本主義社会に終焉をもたらすのは人間ではなく、それとは異なる力であるとされた。その点で、マルクスの議論は、キリスト教における終末論を思い起こさせるものであった。キリスト教の終末論では、終末をもたらすのはあくまで、唯一絶対の創造神としての神である。

マルクスはユダヤ人であり、キリスト教徒ではない。しかし、彼が生きていたドイツは、マックス・ヴェーバーの生きた国でもあり、キリスト教社会であって、その影響が強かった。

キリスト教においては、イエス・キリストが十字架にかけられて殺され、3日目に復活したことが信仰の核心を構成しているが、それは、やがて訪れる最後の審判における人類全体の救済を約束するものと信じられた。その点で、キリスト教は、終末が訪れることを前提とする宗教である。

こうしたキリスト教の終末論は、社会が危機に陥ったときに必ずや持ち出されるもので、そのたびに熱狂的な支持者を生んだ。マルクスの共産主義思想も、その枠組みは、このキリスト教の終末論に酷似している。社会の全面的な崩壊を予言しつつ、その後に、自動的に新しい社会が生まれるとするところで、思考方法は共通しているのである。

重要なことは、マックス・ヴェーバーが、資本主義の精神の誕生をプロテスタンティズムの倫理に求めたように、ヨーロッパにおいては、経済現象を説明しようとする際に、必ずキリスト教の信仰が持ち出されてくる、あるいはそれが背後で働いている点である。

マルクス自身は、自らの思想がキリスト教の終末論の影響を受けているなどと明言はしていない。しかし、その思考の方向性は、明らかに「キリスト教的」である。あるいは、「ユダヤ・キリスト教的」と言った方がいいかもしれない。

もう一つ、マルクスのユダヤ・キリスト教的な思考法の例としてあげられるのが、「資本」についてのとらえ方である。マルクスの言う資本は、資本主義社会における経済活動の深層に位置していて生産関係を規定するものである。マルクスは資本を、貨幣資本、生産資本、商品資本といった形でとらえ、それが多様な形態をとることを指摘した。

その上で、資本の究極の目的がその蓄積にあることを明らかにしようとした。資本は、もっとも効果的な手段を用いて最大の利潤を上げ、マルクスの言う剰余価値を高めることによって自己増殖をとげていく。この資本が人格化されたものが資本家だというのである。

マルクスの議論のなかで、資本は、「蓄積を目的とする」とされており、その点では主体的な存在と見なされている。それは、資本家の目的が資本の蓄積にあるというとらえ方とは異なっている。資本家は、むしろ資本によって動かされる存在としてとらえられているからだ。

日本を代表する経済学者の宇沢弘文《うざわひろふみ》は、こうしたマルクスの資本の概念が、「一種神秘的」であることを指摘している（『経済学の考え方』岩波新書）。それも、マルクスが資本を主体的な存在としてとらえているからで、本来経済学が志向すべき合理性を逸脱しているように見えるからである。

さらに言えば、こうした形でとらえられたマルクスの資本というものは、ユダヤ・キリスト教において世界を動かす根源的な存在であり、究極の主体となっている神に限りなく近いものに見える。だからこそ、資本家が資本を蓄積するというとらえ方ではなく、資本の目的が蓄積にあるというとらえ方がされているのである。

一神教の世界

私たち日本人のほとんどは、ユダヤ教の信仰もキリスト教の信仰も持っていないために、日常の生活のなかで、この世界を創造した唯一絶対の神の存在をリアルに感じることはない。日本にも、神の出現を物語る神話が伝えられてはいるものの、そこに登場する神は決して創造神とは言えない。

神道の中心に位置づけられる天照大神《あまてらすおおみかみ》にしても、皇室の祖先とされ、人類社会に普遍的な太陽神の一つと見なされてはいるものの、創造神としての側面はもっていない。まして、唯一の神であるとはされていない。

日本の神は、必ず神社という特定の場所に建てられた空間に祀られた存在であり、遍在しているわけではない。日本人は、神社を訪れれば、そこに神の存在を感じるかもしれない。だが、ひとたび神社から離れてしまえば、それを感じることはないし、むしろ日常の場で神を感じることができないのだ。

ユダヤ教徒もキリスト教徒も、そしてイスラム教徒も、一神教の信者であれば、世界に遍在する神に対して、いついかなる場所でも祈りを捧げることができる。ところが、日本の場合には、神社に赴かなければそれができない。後は、家に屋敷神を勧請《かんじょう》するか、神棚を祀るしか、そこで祈ることができないのである。

一神教の世界における人間と神との関係は、日本における関係とは根本的に異なる。遍在する神は、さまざまな形で人間の生活に介入し、影響を与えるが、神社に祀られた神は、神社の外側では人に対して影響力を及ぼすことはほとんどないのである。

こうした宗教環境の違いが、経済という現象をとらえる際にも強く影響する。経済現象は、現代においてはさまざまな指標やデータによってとらえられてはいるものの、根本的には目で見ることができない。そこが政治などとは異なる。売買といったものは目で見ることができるかもしれないが、経済はそうした行為に尽きるものではない。

目に見えないものをとらえようとするとき、人は、自分がすでに知っているものにそれをなぞらえようとする。そのために、欧米の社会では、経済現象を説明しようとするときに、意識的に、あるいは無意識的に、宗教が持ち出され、神が持ち出されてくることになるのである。

神の見えざる手

今の私たちにとって、そうしたもののなかでもっとも身近なのが、市場には「神の見えざる手」が働いているというとらえ方だろう。

現代において、この考え方は、「市場原理主義」と呼ばれる。市場原理主義は、市場の調整機能に対して全幅の信頼をおくものであり、市場の自由な働きを妨げている規制の撤廃が必要であることを強く主張する。規制が撤廃されれば、お互いの利害は自然に調整され、社会全体に利益がもたらされることになるというのである。

この市場原理主義ということばを最初に使いはじめたのは、ユダヤ系アメリカ人の著名な投資家であるジョージ・ソロスである。ソロスは、1998年に刊行された『グローバル資本主義の危機』（大原進訳、日本経済新聞社）のなかではじめてこのことばを使った。ソロス自身は、市場原理主義は、18世紀において主張された「自由放任主義」と同じものだと述べている。

マルクスのとらえる資本の背景に神の存在を認めるならば、その神は、ひたすら自らを増殖させていくことを目的とした利己的な存在であり、人間の幸福というものを必ずしも考えない存在である。

ところが、市場を自動的に調整してくれる神は、反対に人間のために行動してくれる存在であるとされる。

どちらの神も絶対的なもので、世界を支配する力を発揮するととらえられているわけだが、その性格はかなり違う。

マルクスのとらえる神は、人類を崩壊させてもかまわないとする恐るべき神だが、自由放任主義や市場原理主義において想定される神は、人類を根本的に救ってくれる優しい存在である。

市場を調整してくれる神の見えざる手を強調したのが、「経済学の父」とも呼ばれるアダム・スミスである。スミスは、マルクスと同じように哲学から出発し、最初は、道徳哲学を専門とした。したがって、そのスミスの出世作となったのは、『道徳感情論』(水田洋訳、岩波文庫)という道徳哲学についての著作であった。

スミスが、神の見えざる手について言及したのは、『道徳感情論』から17年後に刊行された『国富論』（山岡洋一訳、日本経済新聞出版社）においてだった。

『国富論』は、スミスの代表作であり、経済学の第一級の古典である。したがって、一般に、神の見えざる手というとらえ方は、この『国富論』に端を発していると考えられている。それが経済学の常識だが、常識というのは、意外に信用のできないものである。実はスミスは、『国富論』のなかで、「神の見えざる手」などという言い方はまったくしていないのである。

ただ、「見えざる手」という言い方はしている。それは、「生産物の価値がもっとも高くなるように労働を振り向けるのは、自分の利益を増やすことを意図しているからにすぎない。だがそれによって、その他の多くの場合と同じように、見えざる手に導かれて、自分がまったく意図していなかった目的を達成する動きを促進することになる」という部分においてである。

たしかにここでは、市場の調整機能にかかわるようなことは言われている。しかし、スミスは、それが神によるものだというとらえ方はまったくしていない。しかも、『国富論』のなかで見えざる手に言及しているのはここだけだ。『道徳感情論』の方で、神の見えざる手とスミスが言っているという指摘もあるが、それも間違いである。

ヴェーバーの議論にあったように、神の絶対性を強調するのは、カルヴィニズムにおいてである。ところが、スミスが師事した哲学者のフランシス・ハッチソンは、カルヴィニズムの立場をとったスコットランド教会と対立したほどで、スミスもその影響を受けていた。したがって、もともとスミスが、神の見えざる手などという言い方をするはずがないのである。

市場に自動調整機能はない

神の見えざる手についての議論のなかで、スミスという名前は、自由放任主義や、市場原理主義に通じる考え方を正当化するためのお墨付きを与える役割を果たすために持ち出されただけだとも言える。経済学の父が言っていることなのだから、神に任せてさえいれば、市場は自動的に好ましい方向に調整されていき、最善の結果が得られるというわけである。

それだけ、キリスト教の信仰をもつ西欧の人々は、神の絶対的な力に対して強い信頼を寄せていたと言うことができる。

しかし、市場に自動調整機能があることが証明されているわけではない。むしろ、市場がいかに暴走するかは、数々の恐慌、現代においてはバブルの発生とその崩壊に示されている。

市場原理主義者は、まだまだ市場に無駄な規制があるからそうした事態が起こるのだと主張するかもしれない。だが、現在では、市場の働きを規制するものは次々し撤廃されており、そうした主張は成り立たない。

神の見えざる手は、西欧の人々の願望であるのかもしれない。そういうことばを使うことによって、市場には自動的な調整機能があるという、決して事実とは言えない事柄を信じようとするのだ。

しかし、市場原理主義の登場した現代において、さまざまな形で経済危機が訪れ、とてもそこに神の見えざる手が働いているようには見えない。むしろ、現代の資本主義社会においては、マルクスが予言したように、ひたすら資本の自己蓄積が続き、抑圧という事態が恒常的なものになってきているのである。

「小さい政府」への志向

「神の見えざる手」という考え方は、経済学の父と言われるアダム・スミスに遡るというのが一般的な理解であり、市場にさえ任せていれば、自動的に調整機能が働くと考えられてきた。あるいは、そのように主張されてきたと言うべきかもしれない。

こうした見解は、資本主義の発展に対して、それを正当化する役割を果たした。市場に調整機能がある以上、規制は必要ではないというわけである。

ところが、マルクスが指摘するように、資本は蓄積していくことを自己目的化するわけで、その過程で人間を振り回していく。マルクスの指摘は、市場に調整機能があるという見解が実はまやかしであることを示したものである。

したがって、神の見えざる手に頼っている限り、マルクスが予言したように、資本主義は終焉を迎え、それに代わって社会主義や共産主義の社会が到来するはずだった。

この予言は、1917年のロシアにおける革命や、29年の世界恐慌によって的中したかのように見えた。とくに世界恐慌は、資本主義が危機的な事態にあることを露呈し、決して神の見えざる手が働いていないことを教えた。その後、アメリカのニューディール政策に見られるように、政府が市場経済に積極的に介入していく方向に転じていくのも、市場にすべてを委ねることがいかに危険かが認識されたからである。

しかし、神の見えざる手を強調するような動きは絶えなかった。

ニューディール政策の背景には、ジョン・メイナード・ケインズの経済学の理論があったわけだが、第二次世界大戦後になると、先進国における驚異的な経済発展が続いていくなかで、ケインズ経済学を厳しく批判する「反ケインズ経済学」が台頭するようになる。

その代表が、1970年代末に、アメリカの経済学者であるロバート・ルーカスやトーマス・サージェントなどによって唱えられた「合理的期待形成仮説」である。これについて、宇沢弘文は、「市場機構の果たす役割に対する宗教的帰依感をもつもの」（前掲『経済学の考え方』）だと指摘しており、まさに神の見えざる手というとらえ方の延長に位置するものであった。

合理的期待形成仮説では、まず将来にわたって市場の均衡が成立することが前提とされている。その点からして問題になるが、さらに、経済活動を実践することで市場にかかわる人間は、誰もが将来における市場価格がどういった確率分布を示すのかを正確に把握し、それをもとにどういった行動をとることが有利になるかを判断できるものと想定されていた。

これでは、経済活動の実践者を全知全能の神に近い存在ととらえるようなものだが、この仮説が成り立つならば、政府が経済政策を実施し、市場に介入する必要などまったくなくなる。

こうした考え方を単純化した形で唱えたのが、アメリカの経済学者のミルトン・フリードマンである。彼が1962年に刊行した『資本主義と自由』（村井章子訳、日経BP社）においては、政府の市場への介入は徹底的に批判され、農作物の買取保証価格制度から始まって、輸入関税・輸出制限、最低賃金・法定金利、社会保障制度、徴兵制、郵便、有料道路などは、政府が行うべきではないと主張されていた。

これは、「小さい政府」を志向する考え方であり、とくにアメリカでは多くの共鳴者を得てきたものだが、実際にアメリカ政府が、こうした主張を全面的に採り入れてきたわけではない。たしかに、共和党の大統領候補は、こうした考え方を主張することによって支持を伸ばしてきたわけで、アメリカ政府の経済政策に一定程度は反映されている。

しかし、市場に対して規制を加えなければ、資本はひたすら蓄積の方向にむかい、市場を開拓していくことに最大の精力を傾けていくことになってしまうのである。

フロンティアの消滅

アメリカの場合、1492年におけるコロンブスによる発見以来、ヨーロッパ諸国からの入植が相次いだ。アメリカ大陸には、すでに、今日では「ネイティブ・アメリカン」と呼ばれるようになった先住民がいたが、入植者は、武力によって彼らを圧倒し、居住地域を広げていった。

入植者は、ヨーロッパに近い東海岸から入り、次第に西に向かって開拓を進めていった。まだ開拓の行われていない地域は「フロンティア」と呼ばれ、それは西へ西へと広がっていった。フロンティアが消滅したのは、1890年に、当時「インディアン」と呼ばれていた原住民の掃討が終了した時点においてだった。

フロンティアを果敢に開拓していくことは、アメリカ人のあるべき姿としてとらえられ、フロンティアをひたすら求めて進んでいく「フロンティア・スピリット」が称揚されることとなった。

結局のところ、フロンティアの拡大は、アメリカにとっての市場の拡大と同じ意義を有するものであり、アメリカの経済はフロンティアの拡大とともに発展をとげていったのだ。

したがって、フロンティアの消滅という事態は、アメリカ経済の発展を阻むことになる。そこでアメリカは、西部のフロンティアが消滅すると、ハワイなど太平洋の島々に進出していくとともに、中米からスペインの勢力を駆逐する方向に転じていく。

19世紀のヨーロッパにおいては、農業革命によって食料供給が増え、それが人口の急増に結びついた。そのためヨーロッパからアメリカへの移民が増え、アメリカ国内の市場規模自体も拡大していった。

それ以降も、アメリカの人口が増え続けているのは、移民が続いているからで、現在においても、アジアや中米などからの移民が続いている。移民によって人口が増えれば、それは市場の拡大に結びつく。市場の拡大が続けば、経済の発展も続くわけで、2010年以降も、アメリカの経済は平均で年2パーセント程度拡大している。

ただ、1990年代は平均で3パーセント程度であり、それと比較するならば現在は低成長の時代に入っている。それは、アメリカにとって市場の拡大ということが限界に来ていることを意味している。

資本主義の死

ベストセラーになった水野和夫の著作『資本主義の終焉と歴史の危機』（集英社新書）のなかで、経済成長の指標として利子率が注目されているが、それぞれの国で経済発展が限界に達すると、利子率の低下という事態が起こる。

水野の議論が注目されたのは、現代において利子率の低下がとくに著しい国として日本があげられていた点である。日本では、1997年に10年国債の利回りが2・0パーセントを下回り、その後ずっとその事態が続いている。

その後、アメリカやイギリス、ドイツでも、10年国債の利回りが2・0パーセントを下回るようになり、その点では日本が先鞭をつけた形になった。日本は、1980年代後半にバブル経済が起こり、それが最初に崩壊した国でもある。高度経済成長と呼ばれた戦後の驚異的な発展によって、日本は他の先進国を追い越してしまったのである。

利子率が低下するということは、資本を投下しても、十分な利潤を得られなくなるということであり、それは、資本の自己増殖が不可能になったことを意味する。水野は、利子率の低下は、「資本主義が資本主義として機能していないという兆候」であるとしている。

日本に先駆けて利子率の極端な低下を経験したところがあった。それが、17世紀初頭のイタリア・ジェノヴァで、金利が2パーセントを下回る時代を11年にわたって経験している。当時、スペインの皇帝が南米で銀を掘り出し、スペインの取引先であるイタリアの銀行にそれが集まってきたため、イタリアでは、マネーがだぶつくという事態が起こった。金銀はあっても、その投資先がないという状況に陥ったのである。

すでに16世紀のイタリアでは、山の上までブドウ畑が広がるという事態が生じていた。それはワインを製造するためで、当時はワイン製造が最先端の産業だった。頂上までブドウ畑が広がれば、その先はない。だからこそイタリアでは投資先がなくなってしまったのである。

水野は、現代において利益率の低下という事態が起こったのは1974年頃のことだと言い、その原因として、73年と79年に起こったオイル・ショックと、75年のベトナム戦争終結をあげている。

国内にフロンティアを失ったアメリカは、海外にそれを求めるようになったわけだが、ベトナム戦争で敗れたことによって、それもまた不可能になった。

一方、オイル・ショックは、石油の生産国が力をつけることによって、先進国がエネルギーを安く買いたたくことができなくなったことを意味する。資源が高騰すれば、生産コストはかさみ、それは利潤率の低下に結びついていく。

それ以降のアメリカは、ＩＴ技術と金融とを結びつけることによって、「電子・金融空間」を拡大していくことに活路を見出していくことになる。

しかしそれは、金融商品に手を出すことができる富裕層と、それができない貧困層の格差を拡大するとともに、バブルとその崩壊がくり返される状況を生んだ。アフリカや宇宙といったことが、これからの市場として期待されていると宣伝されるのも、いよいよグローバル化も行き着くところまで行ってしまい、市場を拡大する空間を容易には見出せなくなっているからである。

日本の高度成長で失われたもの

日本では、中世以降、貨幣経済が浸透し、近世に入ると、大坂（現在の大阪）などを中心に金融経済も発展を見せていく。人口も近世が始まる時代から近代に突入する時点までに、3倍程度にまで拡大していた。それが、明治に入っての急速な近代化の基礎にもなっていくのだが、西欧の産業革命にふれるまで、日本の社会には、農業を拡充していく以外に経済を発展させていく手段がなかった。

海外との貿易を積極的に進めるならば、それによって経済が発展していくことは、南蛮貿易の時代に証明された。だが、江戸時代の日本は鎖国政策をとり、積極的に貿易を拡大していこうとはしなかった。経済発展が国家の目標になるのは明治になってからで、明治政府は「富国強兵《ふこくきょうへい》」のスローガンを掲げて、急速な工業化による経済発展をめざした。

近代的な軍事力をもっていなかった日本が、明治維新からわずか30年で日清戦争を戦い、それに勝利したことはその点で驚異的なことである。当時の日本は、軍事力を拡大することで、中国大陸における権益を拡大し、それによる市場の拡大をめざした。大陸は、当時の日本にとってフロンティアにほかならなかった。

しかし、その結果、日本はロシアとの戦争には勝利をおさめたものの、最終的にはアメリカなどとの戦争に敗れ、市場拡大の活路を中国大陸に求めることができなくなる。

戦後においては、植民地主義による経済発展の道は封じられたものの、国内の市場はまだ開拓されておらず、産業構造の大規模な転換によって、国内需要を高めることに成功する。それが、高度経済成長に結びつくわけで、それはアメリカやヨーロッパ諸国の場合と同様に、１９７０年代に入るまで続く。

このときに重要なことは、経済発展によって地方から都市への大規模な人口移動が起こるなか、近代化を阻んでいるものとして、地方の村落共同体が槍玉にあげられたことである。日本は家社会であり、それが、個人の自立を妨げ、近代的自我の発展を阻害していることが指摘された。真に自立した個人を創造し、社会全体の近代化をはかるためには、村落共同体も家社会も解体していかなければならないというわけである。

一方では、人口移動によって地方の過疎化が起こり、それが問題になることで、各種の対策がたてられた。しかし、現実には、村落共同体の解体は進行し、それが日本における宗教の消滅という事態に結びついていくのである。

ポルトガルの多額債務

ヨーロッパでは、ギリシアに代表されるように経済危機が頻発し、EUの未来は決して明るいものではないと考えられるようになってきた。

そのなかで、2013年にはポルトガルの経済危機が話題になった。ポルトガルは、日本から遠い。また、ヨーロッパの西の端にあるため、日本人が関心を抱きにくい国だが、かつて日本に鉄砲を伝えたのはポルトガル人である。

また、日本にキリスト教を伝えたフランシスコ・ザビエルは、現在はスペインに含まれるナバラ王国の出身だが、彼を日本に派遣したのはポルトガル王のジョアン3世であった。日本に西欧の文明を伝える上においてポルトガルの果たした役割はかなり大きいのである。

ポルトガルの経済危機に際しては、政治的な危機を伴ったが、それは、国際支援機関からポルトガル政府が緊縮財政を求められ、それにポルトガル国民が反発したからである。このパターンは、後のギリシア危機の場合とそっくりだ。

ポルトガルの場合、1999年にユーロが導入されてからも経済成長は進まず、その年から2008年までの実質GDPの伸び率は平均で1・3パーセントにとどまった。

1人当たりのGDPの伸び率となると、2001年から11年まで横ばいだった。要は、経済が発展していないわけで、経済協力開発機構（OECD）によれば、ポルトガルの潜在成長率は年0・5パーセントにも満たないとされている（「ポルトガルの政治危機、ユーロ圏周辺国の構造問題を露呈」『ロイター』2013年7月4日付）。

多額の債務を抱え、一方で、経済の成長が見込めないなら、緊縮財政をとるしかない。しかし、緊縮財政は経済発展をむしろ抑制する可能性があり、本質的な解決策とは言えない。それに、緊縮財政をとれば、必然的に国民の生活は苦しくなるのだから、ポルトガルの人々がそれに賛成するわけはないのである。

借金返済なんて無理

ちょうどこの頃、私はあるテレビ番組に出演した際、ポルトガル人の女性の出演者と話をする機会があった。

彼女が言うには、ポルトガルには、日本とは違い、大企業などないというのだ。たしかに、ポルトガルの大企業のことなど聞いたことがない。ワインの生産などが中心で、これではとても経済を発展させることなどできない。したがって、海外から借り受けた借金を返済しろと言われても、どうしようもないというのである。

ポルトガルの主要な産業は農業や水産業、食品繊維工業、それに観光である。オリーブや小麦、ワインの生産は盛んだが、重工業などは発達していない。かつてはスペインと競うように海外に植民地を広げていったが、1975年には最終的にマカオを除いてそれを一度に失ってしまった。このことは植民地に依存してきたポルトガルの経済にとって決定的な出来事だった。

ポルトガル人の女性が言うように、これでは経済の立て直しを図ることは難しい。現在のポルトガルの経済規模は、埼玉県よりやや大きいというレベルに過ぎないのである。

オリーブ・オイルの生産量は世界で第7位、ワインは第10位である。だからといって、オリーブやブドウ畑を増やしていくことも難しい。16世紀のイタリアで、ワイン畑が山の上にまで作られた話についてはすでにふれたが、畑をそう簡単に増やせない以上、ポルトガルの経済が成長する余地など生まれないのである。

日本も、戦前においてはまだ農業国だったが、戦後の経済成長によって産業構造の転換がはかられ、鉱工業やサービス業が発展した。その結果、多くの企業が生まれ、そのなかには大企業も少なくない。日本の大企業の代表はトヨタ自動車だが、2015年3月の連結売上高は27・2兆円にも及んでいる。他にも、莫大な売上高を誇る大企業には事欠かない。

そうした国に生きている私たちは、日本の状況が当たり前だと考えてしまいやすい。しかし、実際には、どの国にも大企業が存在するわけではないのである。

大企業が存在しない国では、中小企業や農業が産業の中心であり、生産性を上げようとしても、すぐに限界に達してしまう。それでは、経済危機が起こっても、それを解決する見通しは生まれない。巨額の借金を抱えてしまえば、それを返す見通しはまったく立たない。ギリシアの危機が深刻になったのは、ギリシア経済が脆弱だからだが、農業や観光でしか金を稼げない国が、日本やドイツのようにふるまうことなど到底不可能なのである。

高度資本主義社会においては、スケールの大きな多国籍企業が次々と生まれ、それが世界経済を動かしていく。しかし、そうした事態は、大企業が存在する国と存在しない国の格差を広げ、後者に含まれる国々は、世界経済の発展から置いてきぼりを食うことになっていく。


これは、ポルトガルの経済危機が深刻化する前の2011年暮れのことだが、ポルトガルの首相が、教師資格をもつ人間の失業者が増えているなかで、教師たちに対してポルトガル語の通じるブラジルやアンゴラへの移住を提言して、賛否両論の議論を巻き起こしたことがあった。(PORTUGAL: No Jobs? Just Emigrate! By Mario Queiroz Inter Press Service Dec 29 2011)。

ブラジルとアンゴラは、ポルトガルの旧植民地である。果たしてこの首相の提言通りに教師の移住が行われたかどうかはわからないが、経済的にふるわない国、あるいは地域の人間が、母国や故郷を捨てて別の国や地域に移っていくということは、これまで世界中の至る所でくり返されてきたことである。

資本主義が農村を破壊する

日本では、高度経済成長の時代に、地方の農村部から都市部への大規模な人口の移動という事態が起こった。あるいは、戦前からハワイやブラジルなどへの移民も行われた。

それは、大規模な経済発展が起こった国では必然的に生まれる現象であり、お隣の韓国では、戦後の経済成長によってソウルに人口が集中するという事態が生まれた。

中国でも、同じような事態が生じており、それはブラジルなどでも同様だろう。そして、アメリカには、ヒスパニックが大量に流入し、ヨーロッパにはイスラム圏からの移民が続いている。

資本主義の社会では、資本の蓄積ということが自己目的化され、経済規模の拡大が続いていく。市場を拡大し、生産力を高めていくことが至上命題となるが、そのためには労働力を確保しなければならない。移住者や移民は、それを満たすために故郷を捨てていくのである。

そうなれば、どの国においても、どの地域においても、地方の共同体の弱体化や崩壊という事態が生じる。日本の高度経済成長の時代には、都市での過密化が問題になり、「殺人ラッシュ」などのことばが生まれたが、同時に地方の農村部では過疎化が進行していることが問題にされた。人口減少に転じた現在では、日本各地において、高齢者しか残っていない限界集落が次々と生まれている。

すでにフランス映画の『禁じられた遊び』についてふれたが、フランスでも地方の農村部においては信仰が盛んである。

フランスの場合には、フランス革命が起こるまで、カトリック教会が絶大な権力を誇っていたが、革命によって、教会の領地が奪われるなど、旧体制の象徴であったカトリックの力は衰える。現在のフランスにおいて、「ライシテ」というかなり強硬な政教分離の政策がとられているのも、フランス革命の経験が影響している。二度と宗教権力が社会に影響を及ぼすことがあってはならないと考えられているのである。

それでも、フランスが農業国であり、地方の村落共同体が維持されている間は、カトリックの信仰はそうした地域で生き続ける。まさに『禁じられた遊び』は、それが少なくとも戦時中においては維持されていたことを示していた。

それは、日本の場合も同じで、信仰に熱心なのは都市部の人間ではなく、地方の農村部の人間たちである。新宗教の場合には、都市部で発展していくことになるが、伝統的な宗教の基盤はやはり農村部にある。

ところが、資本主義の発展は、その地方にある共同体を破壊していく方向にむかう。地方の農村共同体に残っていては、社会の流れから取り残され、豊かな生活を実現するための手立てが得られないからである。

農村で農業に従事していても、容易に生産力を拡大し、収入を増やすことはできない。経済発展が続くなかでは、現金による支出がますます必要になる。しかも、グローバル化が進めば、海外から農産物が輸入され、そこに価格競争が起こるわけだから、価格は下がり、農家の生活はより厳しいものになっていく。

宗教の単位は家族である

信仰というものは、究極的には個人のものである。その個人が、さまざまな形で存在する宗教のなかから、自分にとって好ましいものを選び、それを信仰することになる。

したがって、なかには、次々と信仰を変えていく人間がいる。日本の新宗教については、「渡り鳥」となる信者の存在が指摘されており、彼らは次々と所属する宗教を変えていくのである。

　私が知っているケースでも、創価学会から幸福の科学、そしてカトリックに改宗した人間がいる。あるいは、オウム真理教の信者となった人間たちのなかには、教祖の麻原彰晃を含め、阿含宗から転じた者が少なくなかった。

　一度、テレビの番組で見たことがあるが、アメリカのニューヨークでは、結婚と離婚をくり返す人間が、そのたびに宗教を変えていくという。もともとはカトリックであったのが、ユダヤ人と結婚したためにユダヤ教に改宗するというケースが当たり前のように存在するのである。

　その点では、信仰はやはり個人のものということになるが、ニューヨークのケースでは、結婚という出来事が改宗を促しているわけで、そこには家族や親族の関係性が影響している。同じ宗教を信仰していないと、家族や親族が参加する宗教的な儀式に列席できないわけで、そのために改宗していく。テレビを見る限り、改宗という行為は実に簡単に行われているという印象を受けた。

　信仰は個人のものであるかもしれないが、宗教というものは必ず共同性を伴っている。個人だけで信仰活動を続けていくということはほとんどないことで、教団に加わったり、儀式に参加するというときに、そこには必ずや共同体の組織が存在している。信仰を得るという行為は、特定の宗教組織のメンバーになることを意味する。そうなると、信仰はあくまで個人のものとは言えなくなってくるのだ。

日本の高度経済成長の時代に、新宗教が拡大していったが、そのとき、そうした教団に加わっていくのは、個人が単位であった。彼らは、すでに信者になっている人間に勧誘されて、その組織に加わっていった。創価学会では、かなり強引な手段を使って会員を増やす「折伏」という方法が用いられたが、それによって莫大な数の信者が教団に加わっていったのである。

しかし、それはあくまで、教団が急速に拡大していく時期においてのことで、安定期に入り、次々と新しい信者が加わってくるという状況ではなくなると、信仰は、信者から外部の人間に伝わるのではなく、家族の内部で継承されるようになる。

まして、伝統的な宗教ともなれば、その宗教が信仰されている国や地域、あるいは一族に生まれた人間が、そのまま自動的に信者になっていく。キリスト教のカトリックの場合には、それが「幼児洗礼」という儀礼の形をとることになるが、イスラム教などの場合には、入信のための儀礼自体が実質的に存在せず、イスラム教社会、イスラム教の家庭に生まれた人間は、何の儀式も経ないまま信者と見なされるのである。

イスラム教では、礼拝や断食、喜捨、巡礼などとともに信仰告白が、信徒の果たすべき信仰行為とされている。それは、「五行」と呼ばれるが、信仰告白は、「アッラーの他に神はなし」、「ムハンマドはアッラーの使徒なり」と唱えるものである。これを実際に行っているのは、他の宗教からイスラム教に改宗した人間だけである。

宗教は、地域や村落共同体、家族や一族といった共同体に基盤をおいている。その共同体を資本主義は破壊していくのだ。

次には、そうした事態が日本でどのような形を見せているかを追っていくことにする。

6章

急速に衰退する日本の宗教

生長の家はどこに行ってしまったのか

東京の原宿と言えば、若者たちが集まる人気のスポットである。その中心をなすのが竹下通りで、いつもごった返している。そこから北へ5分ほど行ったところに、「原宿いのちの樹林」というものが最近、誕生した。

大都会のなかの貴重な緑地で、総面積は4400平方メートルに及んでいる。敷地のなかには遊歩道が通り、その脇にはさまざまな植物が植えられている。雨水と井戸を使ったビオトープ（生物生息空間）もあり、環境に配慮した空間になっている。

とくにそれを象徴するのが、駐車場にある電気自動車用の充電マシーンで、これは無料である。

ただし、そのいのちの樹林は、いささか奇妙な建物に接している。樹林からは建物の背後が見えるが、前にまわってみると、それは講堂のようでもあり、キリスト教の教会のようでもある。中心は、上に行くほど円周が小さくなる三重の塔になっている。

その存在を知っている人が今見たら、昔との違いに気づくことだろう。以前は、塔の中央に白い神さまのような像が取りつけられていた。それが、今はなくなっているのである。

この建物は、新宗教の教団、生長《せいちょう》の家《いえ》の「光明の塔」というもので、いのちの樹林ができた場所には、以前、二棟の本部会館が建っていた。それが解体され、今は緑地になっているわけである。

では、現在、生長の家の本部はどこに行ってしまったのだろうか。

それは、なんと山梨県北杜市にある。案内を見ると、JR小海線の甲斐大泉駅が最寄り駅とされているが、そこから徒歩40分とあり、車で行くしかないかなり不便な土地になっている。都心に位置する原宿と比べれば、随分異なる環境のもとに移ったことになる。

その本部は、宗教法人「生長の家」国際本部、生長の家〝森の中のオフィス〟と呼ばれており、建物はロッジ風の木造で、屋根の全面にはソーラー・パネルが設置されている。いのちの樹林と同様に、それが環境に配慮した建築物であることは間違いない。

都心から森のなかへの移転、そして、環境に配慮した緑地と建物ということを考えると、生長の家は、自然回帰をめざす宗教団体、あるいはエコの団体であるかのように見えてくる。

だが、生長の家のことを知っている人たちは、こうした教団の現在の姿を見て、かなり驚くのではないだろうか。

というのも、かつての生長の家は、「生長の家政治連合」という政治団体を組織して、国会にも議員を送り込み、保守的な政治団体としてかなり目立った活動を展開していたからである。

御都合主義的な解釈

現在、右派の政治団体である一水会《いっすいかい》の顧問をつとめ、評論活動を展開している鈴木邦男氏は、学生時代に生長の家学生会全国総連合に加わり、書記長となっただけではなく、この総連合が中心となって結成した民族派の学生組織、全国学生自治体連絡協議会の初代委員長もつとめていた。

生長の家の創始者は、谷口雅春《たにぐちまさはる》という人物である。谷口はもともと戦前に二度厳しい弾圧を受けた大本《おおもと》の信者だった。大本を率いていたのは、開祖である出口なおの女婿となった出口王仁三郎《でぐちおにさぶろう》で、彼は大正維新や昭和維新を掲げ、宗教団体の枠を超えた活動を展開した。だからこそ、当局に睨まれ、厳しい弾圧を受けたのである。

谷口は、王仁三郎の側近ではあったが、かえってその内情を知ったことで教団のあり方に疑問を感じるようになり、大本を脱会する。昭和5（1930）年3月には、『生長の家』

という雑誌を創刊し、雑誌の刊行を中心とした宗教活動を展開するようになる。

生長の家が信者数を伸ばしていくのは、雑誌さえ読めば病気が治るなど、現世利益の獲得を大々的に宣伝したからである。さらに、日本が戦争の時代に突入していくと、強烈な天皇信仰を打ち出すようになる。谷口は、「すべての宗教は、天皇より発するなり。大日如来も、釈迦牟尼《しゃかむに》仏も、イエスキリストも、天皇から発する也」とさえ主張していた。

太平洋戦争が勃発すると、谷口はそれを「聖戦」であると主張し、中国軍を撃破するために「念波」を送ることを呼びかけた。その思想があまりに過激であったために、かえって体制側には好まれなかった。

日本が戦争に敗れたことは、そうした主張を展開していた生長の家にとっては大きな挫折の体験になるはずだった。ところが、谷口は、「日本は決して負けたのではない」、「ニセ物の日本の戦いは終わった」などと主張して敗戦を認めず、強引にそれを合理化した。

さらに、生長の家の教えのなかには、「本来戦い無し」ということばがあるとして、生長の家は平和主義を説いてきたとさえ主張したのだった。

あまりに御都合主義的な解釈だが、戦後の世界情勢の変化が生長の家に活躍の場を与えることになる。東西の冷戦構造が深まることによって、保守と革新、右翼と左翼の対立が激化し、天皇崇拝や国家主義、あるいは伝統的な家制度の復活などを主張する生長の家は、保守勢力に支持され、社会的な影響力を発揮した。だからこそ、政治団体を結成して、国会に議員を送り込むことができたのである。

当時の生長の家の主張は、明治憲法復元、紀元節復活、日の丸擁護、優生保護法改正反対などであり、民主主義を基盤とした戦後社会のあり方に違和感を持つ層を取り込むことに成功した。それによって生長の家は、100万人を超える信者を抱える大教団に発展する。もちろんそこには、高度経済成長による社会の大規模な変容ということも影響していた。

もう一つ、生長の家において注目しておかなければならないのは、海外における発展である。

中心はブラジルである。戦前から生長の家はブラジルに進出していたが、戦後、戦争に敗れることで日系のブラジル移民の民族的なアイデンティティーが脅かされると、敗戦を正当化する生長の家の教えが広く受け入れられるようになる。1960年代に入ると、生長の家はブラジルで積極的な布教活動を展開し、国内をはるかに上回る250万人の信者を獲得する。北杜市の現在の本部が国際本部を名乗っているのも、このことが関係している。

冷戦終結とともに始まった衰退

しかし、時代は大きく変わっていった。

やがて昭和の時代も終わり、谷口が信仰の対象としてきた昭和天皇は亡くなる。さらに、ベルリンの壁崩壊の後にソ連は消滅し、冷戦に終止符が打たれることになる。

そうなれば、生長の家や生長の家政治連合が右派の旗頭として活躍する余地はなくなる。すでにこの時点で、将来における生長の家の衰退は決まっていたとも考えられる。

昭和が終わる前、昭和60（1985）年に谷口は亡くなり、その後を娘婿の谷口清超《たにぐちせいちょう》が継ぐ。その次男である雅宣は、副総裁に就任すると、それまでの教団の主張とは180度異なり、太平洋戦争を侵略と認め、聖戦というとらえ方を否定した。それによって、旧来の天皇主義の右翼的な教団というイメージを払拭しようとしたのだが、教団全体にそうした新しい方針が受け入れられず、かえってそれは教団の衰退を招くことになった。

しかし、そもそも生長の家の従来の主張は、現代の社会においては多くの人間に受け入れられることがないものであり、若い世代になればなるほど理解されない。そうした状況のなかで、教団の方針を大きく転換させようとしても、かえって生長の家の独自性が失われる。戦後の一時期、生長の家は時代の流れに巧みに乗っていた分、流れが変われば、一挙に支持者を失うことになっていくのである。

生長の家の場合、所轄官庁である文化庁に対して、以前はかなり誇大な信者数を報告していた。おおむね100万人と称していて、ときには300万人と称することもあった。ところが、1980年代に入ったところで、その誇大な数字を改め、実情にあった信者数を報告するようになる。したがって、『宗教年鑑』平成2年版における信者数は82万1998人となっていた。

これが果たして実数を反映したものなのかどうか、外部から確かめることはできないわけだが、それからほぼ四半世紀が過ぎた平成26年版になると、生長の家の信者数は55万310人と報告されている。この24年間に、27万人以上減少したことになる。

この本の最初に、平成の時代に入ってから、それぞれの新宗教の教団において大幅な信者数の減少が起こっていることについてはすでにふれた。霊友会のように半分以下に減少した教団もあった。その点では、生長の家が特別なわけではない。

私は、2007年に刊行した『日本の10大新宗教』（幻冬舎新書）のなかで、生長の家を取り上げてはいたものの、その冒頭の部分では、すでに生長の家の衰退についてふれていた。

それも、生長の家の本部の集会に参加した人間から、それがひどく寂しいものだったという報告を受けていて、それが印象に残っていたからである。生長の家は、新宗教の衰退という現象において、その先鞭をつけた形になった。

それも、すでに述べたように、生長の家の教えが時代とそぐわないものになってきたからである。たしかに今でも、戦前のあり方に戻ることを主張するような人間はいる。現在の安倍政権にもそうした傾向はある。

しかし、優生保護法の改正反対などは、人工妊娠中絶を否定するものであり、現在の社会では支持者を見出すことが難しい事柄である。まして、教団のなかで、路線をめぐって深刻な対立が起こるようでは、信者をつなぎとめておくことはできない。

森のなかへの本部の移転や、いのちの樹林の建設は、教団のイメージを根本から変えようとする試みなのであろう。だが、本部が辺鄙な場所に移ってしまえば、これまで以上にその存在感は薄れていく。新宗教は、都市を基盤にしてその勢力を拡大していく組織であり、地方に拠点を構えることは本来難しいはずなのである。

他の新宗教はどうか

生長の家が衰退し、ＰＬ教団も衰退している。天理教も立正佼成会も、そして霊友会《れいゆうかい》も信者の数は減っている。

しかも、衰退の勢いはかなり激しい。そこには、誇大に発表していた信者数を実情に即したものに変えてきたということも影響しているかもしれないが、たんにそれだけではないだろう。

というのも、信者数の減少は依然として続いているからである。

『宗教年鑑』の平成22年版と26年版を比較してみると、近年における変化がわかる。

生長の家の場合、平成22年版では68万２０５４人であった。それが、平成26年版では55万３１０人である。この４年で13万人も減少していることになる。平成22年を基準にすれば、20パーセント近い減少である。

ＰＬ教団の場合には、この間、96万５５６９人が92万２３６７人に減少している。減少した数は４万人以上で、生長の家ほどではないが、信者は減り続けている。

ほかの教団についても数字をあげれば、天理教は１１８万５１２３人から

116万9275人に、立正佼成会は349万4205人が308万9374人に、霊友会は151万6416人が136万9050人にと、それぞれ減少している。それも、わずか4年のあいだでの変化である。

増えている教団もないわけではない。

立川市に本部をおく真如苑《しんにょえん》の場合には、88万7702人が91万6226人に増えている。真如苑は、平成2年版では、67万2517人だったから、四半世紀の間に、4割近く信者数を増やしており、「一人勝ち」の状況を呈している。

ただ、真如苑の場合には、他の新宗教の教団に比べて組織性は弱い。信者は、本部などに出かけて「接心《せっしん》」と呼ばれるカウンセリングを受けることになるが、それが中心で、ほかに目立った活動は行っていない。本部を訪れてみると、来ている信者の数は多いのだが、その割に賑わっているという印象は受けない。信者同士が交流することはほとんどないからである。その点で、果たして真如苑を他の新宗教と同列に扱っていいのか、そこには問題がある。

こちらはあまり知られているわけではないが、「、心会《ちゅしんかい》」という運命鑑定から始まった新宗教がある。この教団の場合には、平成2年版では5万7273人の信者数だったが、平成22年版では2万4000人と半分以下に減り、さらに平成26年版では、なんと1964人まで減少している。

これは、ヽ心会だけに起こっていることではなく、それほど規模が大きくない新宗教の教団で共通に起こっていることであろう。新宗教の衰退という現象は、年を追うごとに顕著なものになってきているのである。

裁判所に集まってきた初老の男たち

2014年1月のことである。

その頃、オウム真理教の元信者で17年間逃亡生活を送っていた平田信《ひらたまこと》の裁判が東京地裁で開かれていた。

平田は、私の元自宅に爆発物を仕掛けた事件でも起訴されており、私はその裁判を傍聴していた。

裁判が終わり、裁判所の外で私がテレビ局の取材を受けていたときのことである。門のところに多くの人たちが詰めかけてくる光景が目に入った。ほとんどが男性で、年齢は私の前後くらいだった。そのときの私は60歳だったので、50代、あるいは60代以上の男性が数十人集まってきていた。

すると、裁判所のなかから「勝訴」という紙を掲げた男性が出てきた。集まってきた人々は、この男性を待ち受けていたのだ。

その光景を見ていると、なかに顔を知っている人間が交ざっているのに気づいた。それは、世界基督教統一神霊協会、いわゆる統一教会の信者だった（現在、この教団は世界平和統一家庭連合と改称している）。

勝訴の紙を掲げた男性は、家族によって長い間監禁され、その賠償を求める民事訴訟に勝訴したということのようだった。

裁判のことはともかく、私が強く印象づけられたのは、統一教会の信者の年齢がひどく偏っていることだった。

親泣かせの原理運動

統一教会のことがはじめて日本で話題になったのは1960年代のことで、当時は、信者となった若者たちが家を出て、教団の「ホーム」と呼ばれる施設で暮らすようになってしまったことから、「親泣かせの原理運動」と呼ばれた。原理というのは、統一教会系の学生組織、原理研究会のことだった。

統一教会は、韓国で生まれたキリスト教系の新宗教だが、一方で、「国際勝共《しょうきょう》連合《れんごう》」という反共運動を組織していた。まだ、冷戦が続いていた時代である。南北に分断されて生まれた韓国は、共産主義の北朝鮮と対峙していた。

１９６０年代後半になると、これは世界的なことでもあったが、日本では政治運動、とくに学生運動が盛り上がりを見せた。そのなかで、原理運動は日本共産党の学生組織である民主青年同盟（民青）と激しく対立した。私の学生時代、大学の校内で、民青の学生たちが原理運動の学生たちを襲い、乱闘騒ぎになっているのを目撃したこともある。それは当時、日常的にくり返されていたことだった。

原理運動には、左翼の運動に対して不満を持つ右派の学生たちが集結した。裁判所の前に集まってきた統一教会の信者の年齢層から考えると、彼らはまさにその時代、１９６０年代の後半から70年代の前半に入信した世代に相当する。

その場で、それよりも若い世代の姿をあまり見かけなかったのは、政治の季節が去り、反共運動としての原理運動の存在価値が薄れ、それによって信者になる人間が減少したことを示していた。

統一教会のことは、1990年代の前半に、霊感商法や合同結婚式ということが話題になったが、実はその時代にはそれほど多くの信者を獲得できてはいなかったようなのだ。

新宗教における高齢化の問題

そんなおり、前掲の「新宗教における高齢化の問題―老後の経験の諸相―」(『現代宗教2014』)という論文が発表された。著者は、ロンドン・スクール・オブ・エコノミクス名誉教授であるアイリーン・バーカーであった。

オウム真理教の事件が起こったとき、彼女は来日し、私も会って話をしたことがあるが、専門は新宗教運動の研究である。

バーカー氏は、その論文のなかで、イギリスに存在するいくつかの新宗教教団を取り上げ、そうした組織において高齢化が進行している事態を指摘していた。その上で、それぞれの教団がどのような対応をしているかを論じていたのである。

新宗教と高齢化ということは、なかなか結びつきにくい。既成宗教なら、高齢化の進行は理解できるが、新宗教には若者の運動というイメージがつきまとってきたからだ。

たしかに、新宗教に入信するのは若い世代である。バーカー氏の論文によれば、イギリスの統一教会の信者の場合、1970年代を通して入信時の年齢は23歳前後で一定しており、信者の平均年齢も1976年の時点で26歳であったという。

1976年に26歳ということは、1950年の生まれということになる。これは、日本で言えば、団塊の世代に相当する。日本では1947年から1949年までに生まれた団塊の世代と呼ばれる年齢層が数としては突出しているが、世界的にもこの世代はベビー・ブーマーと呼ばれ、アメリカなどの場合には年齢の幅がかなり広い。第二次世界大戦が終了し、その直後に大量に生まれた世代がベビー・ブーマーにあたるわけだ。

これがそのまま日本の統一教会に当てはまるかどうか、その点については改めて検証していかなければならないが、裁判所で見かけた一団の年齢構成から考えれば、日本でも状況は変わらないように思える。1970年代に入信した信者たちは今でも教団に残っているが、その後入信者を増やすことには成功していないため、教団の高齢化、あるいはそこまでいっていないとすれば、高年齢化が進んでいるのである。

新宗教の場合、どこでも運動が盛り上がっている時代には多くの人間が入信し、彼らが教団の中核を占めていく。ところが、その後、運動の熱気が次第に醒めていくと、入信者も減っていき、若い世代は入ってこなくなる。

となると、時間が経つとともに、信者全体の年齢が上がり、教団は活力を失っていく。そうなると、若い世代が入ってくることが余計難しくなる。世代が違うために、年齢が上の人間たちのなかに溶け込むことが難しくなるのである。

幸福の科学でも

これは、幸福の科学の場合にも当てはまる。

幸福の科学は、一時、1000万人の信者を抱えていると称していたため、日本で最大の新宗教団体として紹介されることもあるが、実際の信者数はかなり少ないものと考えられる。

都市部では、幸福の科学の建物を見かけることが多い。正面がギリシアの神殿風であったりしてかなり目立つからである。

しかし、そうした建物は全国で二十数カ所しかない。創価学会の施設が1200カ所程度あるのと比較すれば、その数は決して多いとは言えないのだ。施設の数だけで比較すれば、幸福の科学の規模は、創価学会の500分の1程度ということになる。

幸福の科学では、『ザ・リバティ』という月刊の機関誌を刊行しているが、その

2013年10月号に、主宰者である大川隆法のどの本から読み出したかというアンケートが掲載された。

それを見てみると、1980年代の終わりから90年代のはじめに刊行された本が上位を占めていた。それは、幸福の科学が派手な宣伝活動を行ったり、作家や芸能人の信者を抱えていることが伝えられた時期にあたっている。

もちろん、このアンケート結果だけからは正確な判断は難しいが、幸福の科学の場合も、統一教会と同様に、信者の中核を占める人間たちは、同じ時期に入信している可能性が高い。1990年前後の時期である。しかも、それ以降は、それほど多くの信者は入信していないのである。

統一教会の信者になったのは、高度経済成長の時代に、主に大学に入学するために都市へ出てきた人間たちである。彼らが大学に入ると、そこで左翼の学生運動が隆盛を極めている事態に直面する。だが、彼らはそれにはついていけなかったのだろう。むしろそうした運動とは対極の考え方をもっていたはずである。だからこそ彼らは、反共組織、右派の運動体としての原理運動、統一教会を選択したのである。

幸福の科学の信者になった人間たちは、高度経済成長とは関係がない。しかし、

1980年代後半の日本ではバブル経済がふくらんでいた。この時代にも、地方から都会に出てくる人間の数は、かなり増えていた。高度経済成長の時代ほどではないが、そうした地方出身者が幸福の科学に入信した可能性が考えられるのである。

その後、バブルがはじけた。それから、金融危機と言われる事態が起こるまでには数年のタイムラグがあり、1997年から事態は深刻化するが、そうなると、当然、都会に出てくる人間の数は減る。金融危機のなかでは、都会に出ていくメリットが少なくなったからである。それが、幸福の科学への入信者を減らすことにつながったのではないだろうか。

下の世代へ受け継がれない

こうした事例から考えると、経済の動きというものは、新宗教にとって相当に残酷なものである。

経済が急速に発展していく時代においては、都市化が進行し、都市では労働力が不足する。それを、地方の農村部からの人口移動で補っていくことになるが、都会に移ってきた人間たちは、地方の共同体から切り離されてしまったために、都会では孤独な生活を送らざるを得ない。

そのとき、新宗教の教団から勧誘されると、そちらになびいてしまいやすい。それまで信仰に興味がなかったとしても、都会で仲間を得られることの喜びと安心感は大きいからである。

かくして、新宗教教団は信者数を伸ばし、大きく発展していく。ところが、一時期に急速に信者が増えることは、かえって後に問題を生むことになる。

まず、経済状況が変わることで、新しい入信者がそもそもいなくなる。しかも、特定の世代の人間たちが教団の中心を占めているために、その後の世代はその輪のなかに入りにくい。たとえ入ることができたとしても、役職は上の世代に独占され、自分たちには重要な役が廻ってこない。それでは、教団の組織に加わるメリットも生まれない。

これによって、新宗教教団の年齢構成は、ある特定の世代だけが突出するいびつなものになっていく。組織としての新陳代謝は進まず、運動は停滞し、よけい新しい世代が入信してくることはなくなる。そうなれば、やがては信者の高齢化という事態に直面せざるを得ないのである。

それまでも、新しい信者が入ってこないのだから、高齢化したときには、ますますそれが難しくなる。そうなれば、もう打つ手はない。ただ、高齢化のいっそうの進展を手をこまねいて見守っていくしかないのである。

それは、新宗教の場合、信仰を獲得した第一世代から、その子どもである第二世代に継承が進まないからでもある。第一世代には、その宗教に入信するに至る強い動機がある。ところが、第二世代にはそれがない。それでは、親の信仰を子どもが受け継ぐということが難しいのである。

それが、既成宗教と新宗教とを分ける壁でもある。

既成宗教の場合には、信仰は代々受け継がれていくものであり、現在信仰している人間は、個人的な動機からその宗教を選択したわけではない。親が信仰しているからそれを受け継いだだけである。信仰に対して強い情熱をもっていないために、かえってそれを自分たちの子どもにも伝えやすい。信者になっても、熱心に信仰活動を実践する必要がないからである。

統一教会の信者数は、教団の側が公表していないので、はっきりとしたことはわからないが、関係者は5万人程度ではないかと推測している。幸福の科学の場合にも、実数は同じくらいであろう。その点では、他の新宗教に比べて規模は必ずしも大きくはなく、その分、高齢化という事態が進行していても、さほど注目されることはない。

しかし、この二つの事例から考えて、多くの新宗教教団において、共通した事態が進行していることは考えられる。

実際、これまでの章では、ＰＬ教団や生長の家だけではなく、多くの新宗教が大幅な衰退の兆しを見せていることを見てきた。急速な勢いで、新宗教は衰退の道を歩んでいるのである。

そうした新宗教の教団は、やはり高度経済成長という経済の波に乗って信者数を増やしてきたところが多い。天理教などは、戦前から信者数を増やしているし、生長の家についてもその傾向はある。ＰＬ教団の場合も、実は戦前にかなりの信者数の伸びを経験しているが、弾圧された結果、戦後には再スタートを切る形になっていた。

一方、創価学会をはじめとする日蓮系、法華系の新宗教は、立正佼成会や霊友会を含め、高度経済成長の時代に信者数は爆発的に伸びた。新たに都市に出てきたばかりの人間たちがターゲットになり、それで教団は拡大したのである。ということは、今、そうした教団でも、信者の高齢化が急速に進んでいることが予想されるのである。

創価学会ですら盤石とは言えない

2005年に公開された『ALWAYS　三丁目の夕日』という映画がヒットし、2作の続編も作られた。

これは西岸良平のマンガを原作としたもので、昭和30年代の東京を舞台にしていた。映画の象徴となる東京タワーのすぐ下に下町が広がっているというのは、実際の東京の地理には合致していないものの、高度経済成長が始まった時代に対するノスタルジーをかきたてる作品になっていたことが、ヒットの要因だった。

この映画の主人公、堀北真希演じる星野六子《ほしのむつこ》は、青森から集団就職してきた若者に設定されていた。映画の冒頭は、彼女がはじめて上野駅に降り立つ場面になっていた。

集団就職がいつ始まったかについては、はっきりしないが、1954年頃から、そのための専用列車が運行されるようになる。

それは75年まで続いたとされるから、その期間は21年間にわたったことになる。高度経済成長は、50年代半ばに始まり73年のオイル・ショックで転換点を迎えることとなったので、集団就職列車はまさに高度経済成長の時代の象徴であったことになる。

この集団就職の時代に大幅に勢力を拡大したのが日蓮系の新宗教である。その代表が、創価学会、立正佼成会、霊友会であった。こうした教団は、現世利益の実現を掲げて多くの会員を獲得することに成功する。それによって、それぞれの教団は巨大な組織に発展していったのである。

なぜ、日蓮系新宗教の巨大化がこの時代に起こったかについては、すでに説明した。高度経済成長は産業構造の転換を伴い、地方から都市への大規模な労働力の移動という事態を生んだ。その波に乗って都会へ出てきた人間のうち、十分な学歴のない、高卒や中卒の人間たちを吸収したのが日蓮系新宗教であり、とりわけ創価学会だったのである。

したがって、『ALWAYS　三丁目の夕日』の登場人物も、自動車の修理工場で働くなか、必ずや創価学会の会員による折伏の対象になっていたはずである。まして、彼女が生活していたのは、創価学会がもっとも勢力を伸ばした下町である。

だが、映画には、創価学会のような宗教団体はまったく登場しないし、その影さえ見えなかった。

これは、調査があるわけではないので、はっきりしたことは言えないが、当時集団就職してきた若者たちは、かなりの数、創価学会の信者になっていった。私の知り合いにもそうした人間がいる。都会に人間関係のネットワークを持たない人間たちには、創価学会の与えてくれるネットワークは魅力だった。それによって、慣れない都会のなかで生活の基盤を築くことができたからである。

婦人部の活躍

創価学会のなかで、もっとも強力なのは、「婦人部」である。

創価学会には、性別・年齢別に4つの組織があり、上の世代は壮年部と婦人部に、下の世代は男子部と女子部に分かれている。婦人部は、既婚者と35歳以上の未婚者で構成されている。

なかでも婦人部はとくに結束が固く、地域での活動の中心を担っている。そして、選挙のときに、学会員以外の人間に公明党の候補者への投票を依頼する活動をもっとも熱心に行ってきたのも、この婦人部の会員たちだった。その様子は、最近、テレビ東京の池上彰による選挙特番で紹介され、話題になった。

婦人部の中心が集団就職してきた世代であり、選挙の際には、彼女たちがもっとも多くの票を稼ぎ出す。彼女たちは、池田大作名誉会長が元気で、活発に活動していた時代には、折伏によって会員を増やし、聖教新聞の拡販にも動いた世代である。何ごとについても、「池田先生のために」という意識が強い。池田名誉会長の方も、その点は十分にわきまえていて、つねづね婦人部の活動を高く評価してきた。

しかし、こうした世代もしだいに年齢を重ね、今や高齢化してきている。

集団就職とのかねあいで考えるならば、それが始まった1954年に15歳で上京してきたのであれば、彼女たちは1939年くらいの生まれになり、現在では、70代の半ばに達している。

集団就職が終わる1970年代半ばになると、高校への進学率が90パーセントを超えていたから、集団就職してくるのも中卒ではなく、ほとんどが高卒だったはずである。となると、集団就職が終わる1975年に上京したのは1957年前後の生まれで、その世代でも60代になろうとしている。

今の社会では70代の半ばでも元気な人間が多いが、宗教活動を実践するとなれば、以前のようにはいかないだろう。これが後5年、さらには10年もすれば、この世代の高齢化はさらに進み、70代以上が大半を占めるようになる。

創価学会の場合には、他の新宗教の教団に比べて、信仰の継承ということにはかなりの程度成功している。

他の新宗教の教団では、信仰が一代限りに終わってしまうことが多いが、創価学会は、いかに下の世代に信仰を伝えていくかに力を注いできた。1980年代に全国で盛んに行われた「世界平和文化祭」などは、そうした試みの一つであり、そこに参加した当時の若い学会員たちは、マスゲームや人文字の訓練に力を入れ、それが彼らの世代に結束力を生む要因となった。

しかし、周囲からの折伏によって信仰を獲得した親の世代と、家族の影響で信仰を受け継いだ子ども、さらには孫の世代では、信仰を求める切実さに大きな違いがあり、それは活動の面にも必然的に影響する。

しかも、若い世代になると、元気なときの池田名誉会長のことを知らず、「池田先生のために」という意識は乏しい。そうなると、選挙活動に邁進するということにはならないのである。

創価学会の会員数の実態は？

創価学会の場合、会員数は世帯で発表されている。それは、会員が朝晩の勤行の際に、それに向かって題目などを唱える本尊曼陀羅が世帯を単位に授与されるからである。現在、その数は８２７万世帯と発表されている。

この数字は、ここのところまったく変化していない。これは会員世帯の実数として考えることはできず、本尊曼陀羅が授与された世帯の総計と考えるべきだろう。会員を辞めても、本尊曼陀羅を返却したりはしないし、その制度がないからである。

会員の世帯数に変化がないということは、新たな会員が増えていないことを意味する。実際、支部の集まりに行っても、新入会員として紹介されるのが赤ん坊ばかりということもある。高度経済成長時代の創価学会は、折伏によって次々と会員を増やしていったのだが、それはすでに過去のことになっている。

創価学会の会員の実数はなかなかつかみにくいが、参考になる数字を提供してくれているのが、ＮＨＫ放送文化研究所編『現代の県民気質―全国県民意識調査』（ＮＨＫ出版）である。

これは、全国の4万人以上を対象にしたかなり大規模な調査であり、信頼度は高い。それによると、自分は創価学会の会員だと答えている人間は3・0パーセントに及んでいる。これに総人口をかけると約380万人という数字が出てくる。

ほかに、同じくNHK放送文化研究所が1999年に行った日本人の宗教意識の調査では、2・3パーセントという数字になっており、これだと約290万人という会員数になる。この二つの調査からすると、創価学会の会員の実数は300万人前後と考えていいのではないだろうか。827万世帯には及ばないものの、300万人というのは実に膨大な数である。

NHKの全国県民意識調査は、1996年に行われたもので、それからすでに20年の歳月が流れている。果たして現在ではどの程度の数になっているかは不明だが、もう一つ、選挙での公明党の得票数から教団の盛衰を見ていくことも可能である。

2000年代になってからの衆議院選挙比例代表の数字を見ていくと、公明党の得票数は次のように変化している（括弧内は得票率）。

2000年6月　　776万2000（13・0％）

2003年11月　873万3000（14・8％）
2005年9月　898万8000（13・3％）
2009年8月　805万4000（11・5％）
2012年12月　711万6000（11・8％）
2014年12月　731万4000（13・7％）

05年の選挙は、公明党が自由民主党とはじめて連立政権を組んでいた時期のもので、900万票に迫っていた。この時点では、創価学会の会員の集める票によって、選挙協力を行った自由民主党の議員が、かなりの数、当選していることが大きな話題になり、政治学者も大いに注目した。

ところが、12年の選挙は、自由民主党と公明党が、民主党から政権を奪い返したときのものであるにもかかわらず、公明党は前回に比べて90万票以上減らしている。14年の選挙は、争点も明確でなく、戦後最低の投票率だった。それにもかかわらず、12年の選挙よりも20万票近く得票数を増やしたことは、党勢が回復したとも言える。だが、現状において、900万票はおろか、800万票を超えることが、かなり難しくなっているように見受けられる。

そこにはやはり、創価学会の集票能力が落ちていることが示されているのではないだろうか。婦人部の会員が高齢化することで、その活動力が鈍り、思うように票を集められなくなっているのである。

「常勝関西」の危機

それは、2015年の統一地方選挙の結果にも示されていた。

最近の公明党は、選挙のたびごとに「完勝」を目標に掲げている。完勝とは、候補者を全員当選させることで、しばらくの間はそれを実現していた。

ところが、2回に分けて行われた2015年の統一地方選挙では、前半では大阪市議会で一議席を落とし、後半では長野県の松本市議会、東京の板橋と江東区議会でそれぞれ一議席を落としている。しかも、世田谷区と渋谷区では最下位当選した候補者がいて、世田谷では次点との票差が14票、渋谷ではたった10票だった。両方とも落選していてもおかしくはなかった。

完勝という試み自体が難しいことだともいえるが、公明党では、組織選挙で臨み、綿密な票割をしている。当然、落選者を出さないように、候補者もぎりぎりまで絞っている。それにもかかわらず、現状では、完勝が難しくなっている。それでも完勝をめざすのであれば、候補者をさらに減らすしかない。

大阪は創価学会の牙城である。1950年代半ばに、創価学会がはじめて国政選挙に打って出たときには、当時参謀室長だった池田名誉会長が直々に大阪に出向き、精力的な選挙活動を展開した場所である。大阪を中心とした創価学会は「常勝関西」と呼ばれ、その勢いは本部のある東京をしのぐと言われてきた。

大阪で議席を落とすということは、創価学会にとって極めて重要な出来事である。しかも、橋下徹元大阪市長が掲げた「都構想」の問題では、創価学会の本部と地元との軋轢が表面化した。そうした事態が生まれるのも、大阪において創価学会の力が衰えてきているからだろう。

2016年夏には参議院選挙が予定されており、衆議院とのダブル選挙になるのではないかと囁かれている。その際に、公明党がどれだけの票数を稼ぎ出すことができるのかは、大いに注目されるところである。それは、今後の創価学会の動向にも影響を与えることになろう。

創価学会という組織は、まさに高度経済成長が生んだものにほかならない。社会の激動が、ときには過激な行動をとるような新しい宗教を生み出したのである。

当時の創価学会の指導者が、そうした社会の状況をどれだけ正確に把握していたのかはわからない。しかし、社会の大きな変化が、自分たちの組織の拡大に極めて有利に働いているという自覚はあったに違いない。

したがって、当時の学会や公明党の幹部は、やがては公明党が議会で多数派を占め、政権獲得も夢ではないと考えていた。

しかし、学会の拡大が経済成長の賜物である分、高度経済成長に翳りが生まれると、それ以上伸びていくことが難しくなっていった。そうした事態は1970年代に入って顕在化する。

さらに、経済成長は学会員にも経済的な豊かさをもたらした。それこそが彼らの求めたことでもあったが、豊かになれば、学会員は貧しい時代ほどには活発に活動しなくなる。運動に切実さを感じなくなるのだ。しかも、現在においては、現世利益を求めても、それを創価学会がかなえてくれる時代ではなくなったのである。

資本主義社会は、当初、新宗教に拡大の余地を与えても、低成長の時代に入ることで、その余地を奪ってしまうのである。

7章

宗教なき日本、いかに生きるべきか？

「無礼講」の意味とは何か？

「無礼講《ぶれいこう》」ということばがある。『広辞苑』では、このことばについて、「貴賤・上下の差別なく礼儀を捨てて催す宴会」と説明されている。

今でも、「今日は無礼講だから」と言って宴会が始まることがある。それは、たいがいの場合、会社での上下関係にこだわらず、堅苦しくない宴席にしようという意味であり、決して何をしてもいいというわけではない。つまり、無礼講は宴会の場をなごませようとして、上司が使う慣用句なのである。

この場合、重点は無礼というところにおかれていて、「講」の方には、さほど関心が寄せられていない。だが、講というものは、日本の宗教の歴史を考える上で極めて重要な存在なのである。

最初、講というのは、仏典の内容を解説するための僧侶の集まりの意味で使われた。法会の一種だというわけである。

それが後になると意味が広がり、共通の信仰を確認するための行事や会合のことを指すようになる。さらには、そうした行事や会合を営む集団の意味でも使われるようになっていく。

銀行の元となった「講」

本来の講は講式とも呼ばれるが、『法華経《ほけきょう》』の内容を講義する法華八講がその典型である。浄土真宗の報恩講《ほうおんこう》の場合には、宗祖親鸞の命日にちなんで行われる法要のことをさし、宗派においてはもっとも重要な行事になっている。

信仰集団の意味で使われる際には、地域で特定の神仏を祀ることを目的としたものと、そうした神仏を祀る遠隔地の寺社に参詣に出かけることを目的としたものの、二つの種類がある。

前者としては、えびす講、庚申講《こうしんこう》、念仏講、観音講などがあげられる。後者の参詣を目的とした参詣講としては、伊勢神宮への参拝をめざす伊勢講をはじめ、熊野講、金毘羅講、富士講などがある。

遠隔地の社寺の参拝を目的とした参詣講の場合には、その講に所属している講員が金を積み立て、毎年その代表が目的とする社寺に参拝に出かけることになる。

そうした講のなかでは、参詣を伴わず、金銭を講員同士で融通することに特化したものが頼母子講や無尽講と呼ばれるものであった。これは、現在の金融機関の先駆けとなるもので、相互銀行のなかには、元をたどればこの無尽講に行き着くようなところも少なくない。

イスラム教において、巡礼のための費用を貯める金融機関についてはすでにふれたが、こうした参詣講はそれと共通した性格を持っている。

現代においては交通機関が発達し、寺社へ参詣するにもさほど時間を必要とはしなくなった。たとえば、朝早く東京を発てば、伊勢神宮に日帰りで参詣することだってできる。夜行バスを使ったツアーもあるし、宿泊する場合にも、伊勢神宮の近くにある旅館やホテルを利用することができる。

しかし、江戸時代に江戸から伊勢参りをしようとしたら、かなりの時間が必要だった。しかも、伊勢参りをする場合には、伊勢神宮だけではなく、京都や奈良の社寺にも参詣するのが普通だったため、余計日数がかかった。また、伊勢神宮のそばには、古市という遊郭もあり、そこへ行くのを目的としていた人間たちもいた。

参拝は人々の娯楽だった

伊勢参りは一般に集団を組んで出かけるもので、団体旅行だった。そうした旅行の手配は、御師と呼ばれる人たちが担った。御師には、それぞれ担当している地域があり、その地域の人たちが伊勢参りをする面倒を見たばかりでなく、普段それぞれの地域を廻って、神宮大麻と呼ばれる伊勢神宮のお札を配ったりもした。その点では、御師の役割はたんなるツアーコンダクターにはとどまらない。

これは、伊勢参りだけではなく、他の参詣講の場合にも同様で、寺社に参詣するときには集団を組んでそれを行った。

昔は、今に比べれば、楽しみというものは少なかった。そのため、地域の村で行われる祭などの行事は、村人たちが大いに楽しみにしているもので、その日には普段とは違う食べ物が振る舞われ、人々は酒に酔って日頃のうさを晴らした。そして、遠く離れたところにある神社仏閣を訪れることは、それ以上の楽しみを与えたのである。

しかも、交通機関の発達していない時代には、参詣地にたどり着くまでに幾日もかかった。参加しているのは同じ村に住む住民で、子どもの頃から旧知の仲だが、それも、村の外に出れば、村にいたときとは関係の持ち方も変わる。それは、学校で修学旅行に出かけたときのことを考えれば理解できるだろう。団体で旅すること自体が、日常では得られない楽しみを与えてくれる。それこそが無礼講であるとも言える。だからこそ、昔の人々は、講を組んで積極的に参詣に出かけていったのである。

修学旅行で儲かった寺

こうした参詣講を受け入れる寺社の側には、伊勢の御師のような斡旋者が生まれた。あるいは、参詣者を宿泊させるための宿坊も作られていった。

たとえば、富士山の周辺には、江戸の富士講の参詣者を受け入れるための御師住宅がいくつも建てられている。今は御師住宅も少なくなったが、一部には今でも富士講の講員を受け入れているところがある。御師住宅には神を祀った小さな神殿もあり、講員たちは、富士山に登る前にそこで祈願を行った。

この本の最初に、高野山の参詣者の数がここのところ減少しているということについてふれたが、高野山にもいくつも宿坊があり、以前参拝者は必ずそこに泊まった。今だと、関西の各都市からは日帰りも可能になっているが、歩いて高野山に登っていた時代には、宿泊することが必須だったからである。

講を組んで遠隔地の社寺に参詣する人間の数が多かったことで、参詣先の社寺も経済的に潤った。参詣先になるのは、本山や大規模な神社であり、それを維持していくにはかなりの費用がかかる。参詣者が多ければ、それだけ社寺に入る金も多くなり、それで維持のための費用を賄うことができたのである。

戦後は、交通機関が発達し、遠くにある社寺に参詣することが容易になっただけではなく、とくに高度経済成長の時代には、農家を含め、日本人の所得は急速に増えていった。それが、旅行に費用をかけることを可能にしたわけで、社寺への参詣もかなりの活況を呈するようになっていった。

仏教寺院の場合、明治に入るとき、上知令によって土地を奪われ、維持費を捻出することに苦労するようになる。さらに、廃仏毀釈《けいぶつきしゃく》によって、大きな打撃を受けたところもあり、荒廃したところも少なくない。なかには、消滅して廃寺となってしまったところさえある。

今日、奈良の寺院を訪れてみると、どこも立派な伽藍を構えているが、実はそれも高度経済成長の時代以降のことである。大正時代にそこを旅した哲学者の和辻哲郎《わつじてつろう》の『古寺巡礼』を読んでみれば、その時代に著名な寺院であっても、相当に衰えていたことがわかる。タイトルに古寺と入っているのも、たんに歴史が古い寺ということではなく、古びてしまった寺という意味が込められていたように思われる。

それが、高度経済成長の時代になると、修学旅行や団体旅行が盛んになり、奈良の有名寺院には、大量の参拝者が押しかけることになった。それが、それぞれの寺院の経済を活性化させた。それは、奈良の古寺だけではなく、他の地域にある大規模な社寺にも及んだのである。

法隆寺、拝観料の値上げ

日蓮宗の総本山、久遠寺《くおんじ》のある身延山《みのぶさん》の西斜面には赤沢宿というところがある。久遠寺の奥之院まで4時間ほどのそこには、江戸時代から久遠寺に参拝する人々のための宿が設けられていた。昭和初期には、それが9軒もあったというが、今では、「江戸屋」1軒を残すだけである。

その江戸屋は、昭和30年代には大いに繁盛したらしい。そこには、昭和40年に身延山奥之院で撮影された身延講の人たちの記念写真が残されているが、300人くらいの講員の姿が写されている。皆、手甲脚絆の白装束であり、それは、どの参詣講でも見られたものだった。

あるいは、神奈川県に大山というところがある。大山の頂上には、雨乞いの神を祀った阿夫利神社があり、中腹には真言宗の大山寺があることから、信仰の山として知られてきた。関東一円には大山講が組織され、大山は多くの参詣者を迎えていた。「大山詣」という落語の演目さえある。

大山詣は江戸時代から盛んで、そこには、富士山よりも手軽に登れるということがあったようだ。それは近代にも受け継がれ、戦後もかなり盛んだった。大山への登り口には今でも50軒ほどの宿坊があるが、1994年の時点でも、宿泊客は年間約4万8000人に上った。

それが、今では約1万5000人と、3分の1以下に減っている。その背景には、大山講のあった地域の結びつきが弱くなり、地区や同業者の団体が大山に参詣しなくなったことがあるという（『読売新聞』2014年5月1日付）。

こうしたことについては、さほど報道されることもないし、実態もつかみにくい。だが、どこの有名社寺でも、参拝者の減少という事態に直面していることはたしかだろう。

法隆寺は、2015年元旦から拝観料を大人で1000円から1500円に値上げした。団体の場合も、800円が1200円に上がっている。22年ぶりの値上げだという。

その背景には、修学旅行生の減少ということがある。少子化によって子どもの数そのものが減っているし、修学旅行も多様化し、奈良や京都が必ず選ばれるという時代ではなくなっている。

法隆寺の場合には、明治に入ってからの経済的な苦境から脱するために、明治11年に300点余りの文化財を皇室に献納している。それによって1万円を下賜された。今日で言えば、数億円に匹敵する額である。

それによって、法隆寺は伽藍の修復を行うとともに、8000円で公債を購入し、その金利、年600円を維持費にあてるようになる。それで苦境を生き延びたわけである。

献納された文化財は、今は、皇室の御物になるとともに、東京国立博物館の法隆寺宝物館に展示されている。そして、戦後は、修学旅行生と団体での観光客を集めることで、その維持をはかることができた。それが、今や曲がり角にさしかかっているのである。

法隆寺の場合には、文化財という切り札があったことが大きい。木造建築としては世界最古の金堂をはじめ、至宝と言えるものが数多く所蔵されている。その一部が皇室に献納されたにもかかわらずである。

しかし、他の社寺となれば、必ずしもそうした文化財、宝物を所蔵しているわけではない。身延山には、宗祖である日蓮の墓所はあるが、明治8年の大火によって伽藍は焼失し、貴重な文化財も失われている。文化財を目当てに身延を訪れる人はほとんどいない。

身延山久遠寺に参拝する人がいなくなる

数字的にはっきりしたことはわからないが、身延山久遠寺に参拝する人の数はかなり減っていると言われる。それも、身延講のような団体での参詣者がいなくなっているからであろう。現在、身延山を支えているのは、立正佼成会や霊友会といった日蓮系新宗教の信者による参詣だとも言われるが、これまで見てきたように、新宗教の教団自体が最近になって衰退している。

そうした新宗教は、高度経済成長の時代に、経済の勢い以上に急速に発展していったのだが、そこには、都市への人口の大量の移動ということがあった。それによって、地方の農村部では人口が急激に減少し、過疎化という事態を生んだ。

過疎化が進めば、村にあった講組織も衰退していく。しかも、近年では高齢化が進んでいる。そうなれば、村から団体を組んで有名社寺に参詣するというスタイルそのものが成り立たなくなる。講の衰退は、必然的に参詣者の減少に結びつく。

高度経済成長の時代に、一時、有名社寺は活況を呈した。しかしそれはそのときだけのことで、バブルのような状況が生まれていたとも言える。社寺の側は、バブルの恩恵によって境内を整備し、多くの参詣者を迎える体制を整えた。

ところが、今やそれは過去の時代になり、どこも参詣者の減少という事態に直面している。しかも、頼みの綱の新宗教も同じ運命をたどろうとしている。新宗教の衰退は、既成宗教の衰退にも結びついていくのである。

葬式も墓も要らない

戦後の日本社会においては、高度経済成長という事態が起こり、経済の著しい発展が見られた。それは、日本だけで起こったことではなく、先進国に共通の現象である。フランスでの、「栄光の30年」についてはすでにふれた。

とくに日本の場合、高度経済成長は社会構造を根本から転換させることになった。それまで多くの日本人は農村部にいて、農業や漁業、あるいは林業などに従事していた。重要なことは、そこには生業によって、そのあり方は異なったものの、村という共同体が作り上げられ、人々はその共同体に伝わるしきたりに従って生活を営んでいたことである。

村のしきたりのなかでもっとも重要な事柄が、葬式であった。村では、共同体のルールに違反し、同じ村に属する人間の生活を侵害するようなことがあれば、その人間に対しては制裁が加えられた。それは、「村八分」と呼ばれたが、その八分に含まれないのが火事と葬式であった。

火事を放置しておくわけにはいかないのはもちろんだが、葬式の場合にも、一刻も早く遺体の処理を行わなければならない。遺体はすぐに腐り始めるからだ。

今では、ドライアイスなどを用いて、遺体を保存する技術が開発されている。したがって、故人が亡くなってから、遺体を火葬するまで、一定の期間、保存しておくことができる。しかし、そうした技術の開発されていない時代には、遺体はすぐに処理しなければならなかった。しかも、戦後間もない時代までは土葬が多かった。土葬する際には、遺体を棺桶に入れて村の共同墓地に埋葬することになる。村には、「葬式組」という組織があって、それが葬式全般を取り仕切った。土葬する場合には、墓地で埋葬のための穴を掘らなければならないが、穴掘りをするのも葬式組の人間たちであった。

葬式組は持ち回りで、次に機会がめぐってきたら、今度は自分たちが墓穴を掘る役割にまわる。その分、自分たちの家での葬式では、すべてを葬式組に任せていればよかった。費用のことも気にする必要がなかった。

土葬の場合には、やがて棺桶が腐り、遺体も腐っていくので、土をかけた箇所が陥没した。したがって、そこに墓石を建てるわけにはいかない。村の中で、庄屋や村長をつとめるなど、重要な役についている家では、そうした「埋め墓」とは別に、「詣り墓」を設けたが、一般の村人の場合には、共同墓地に遺体を葬るだけで、墓など作らなかった。

こうした時代には、すべてはしきたりとして決まっていて、費用の負担を必要としないので、葬式のことで悩む必要などまるでなかった。

都会の葬式は金がかかる

ところが、都市化が進み、都市で生活する人間が増えていくと、事態は変わっていく。まず、戦後の都会には葬式組などという組織はなかった。そのため、葬式を出すというときには、専門の業者、つまりは葬祭業者に頼むしかなくなった。

都会には、土葬するための土地などもない。まして共同墓地に使える共有地もない。そのため、都会で暮らす人間が増えていくと、急速に火葬が増えていった。火葬するようになれば、土葬しなくても済むわけである。火葬された遺骨は、骨壺に入れて墓に葬られることになった。

葬式を業者に依頼すれば、当然、それ相当の費用がかかる。それでも、昭和の時代には、東京などでも自宅で葬儀をあげることが多かった。自宅で葬式が出せるのなら、場所代はかからないし、規模も小さく、さまざまな点で多額の費用を必要とはしなかった。

ところが、都会に一戸建てを設けられるほど豊かな家はともかく、一般の勤め人などは、アパートやマンション暮らしである。それでは、とても自宅で葬式をやるというわけにはいかない。そこで、葬祭会館、セレモニーホールでの葬儀が一般化していく。そうなれば、場所代等、自宅での葬式よりも金がかかることになる。

さらに問題なのは墓である。都会には、無料で葬れる共同墓地など存在しない。高度経済成長が始まって間もない時代には、都会に出てきて亡くなった人間は、故郷の実家の墓に葬られることが多かった。あるいは、将来において、死んだら故郷へ戻るのだという意識を持つ人間が少なくなかったはずである。

しかし、都会に出てきてから時間が経っていくと、次第に定着の傾向が見え、故郷へ戻ることを考えなくなる。それは、死後にも故郷には戻らないことを意味し、都会に新たに墓を求めるようになっていった。

そのとき、自宅がある場所の近くに墓が求められればいいのだが、便利な土地であればあるほど地価は高く、それに比例して墓地の値段も高くなる。そのため、郊外に墓地を求める人間たちが増えていった。

そこには、モータリゼーションの発展も影響し、マイカーで墓参りをするという習俗が定着する。逆に、マイカーがあるからこそ、郊外でもかまわないという意識を生んだ。

このようにして、都会的な葬送習俗が新たに生み出され、それが定着していくことになる。それは、地方の習俗とはかなり異なるものだが、都会では、葬式をめぐるしきたりについてうるさく言う人も少ない。生活の実情にあった葬式のやり方が受容され、広まっていったのである。

企業と冠婚葬祭

もう一つ、都会での葬式に特徴的なことは、企業がそこにかかわったことである。日本の企業は、「日本的経営」と言われるように、企業と社員との関係が密着で、またそれが長期にわたる。そうなると、企業は社員の冠婚葬祭にもかかわるようになり、社員の家で葬式があるというときには、たとえ、故人のことをほかの社員が誰一人実際には知らなくても、手伝いに出かけた。受付や道案内は同僚がつとめたのである。

さらには、葬式に参列する人間のほうも、故人とは面識がなく、喪主と仕事上の関係があるという場合が多かった。その点では、企業が葬式組としての役割を果たすようになったと言える。

そうなると、葬式の際に、家の面子を重視するという村流のやり方が、都会での葬式にも影響を与えた。これは、バブル経済の時代に起こったことだが、葬式の費用は高騰し、とくに戒名を授与されたときに支払う布施、いわゆる「戒名料《かいみょう》」が高くなる傾向が見られた。

その時代、戒名料として何百万円もとられたと公言する人間が多かったが、そこには、それによって見栄をはるという村的な行動原理が生きていたように見受けられる。

バブルがはじけても、しばらくの間、葬儀の費用も、戒名料も高止まりしたままで、なかなか下がらなかった。その時代には、世界の中でも、日本の葬儀費用はもっとも高いという状態にあった。それが下がりはじめるのは、最近になってからのことである。

家族葬、直葬の時代

このように、葬式をめぐる習俗と経済との関係は密接である。

そのため、低成長の時代に入り、もうこれからは経済の成長が見込めない状況になると、葬式を簡略化し、費用を抑えようとする動きが急に目立つようになった。

その代表とも言えるものが、「家族葬」の流行である。すでに家族葬は、社会全体に定着している。

家族葬は、身内だけでひっそりと営む「密葬」に似ている。ある面では、家族葬は密葬の現代版であるとも言える。しかし、密葬は、著名人や社会的に有力な人間が亡くなったときにあえて選択されるものであり、少し時間が経ってから、偲ぶ会が催されることも多かった。

ところが、家族葬が選択されるのは、故人が高齢で亡くなるなど、家族や親族以外に参列者が見込めないときで、ごく近しい人間だけが集まって故人を見送ることになる。

しかも、家族葬には費用が安くすむというイメージがあり、それで家族葬を選択する場合も少なくない。高齢者であれば、医療や介護に金がかかっており、葬式に多額の費用はかけられないのである。

さらに、家族葬よりも簡略化されたものが、通夜や葬儀・告別式を行わずに火葬場に直行し、故人の遺体を荼毘にふすだけで終わりにしてしまう「直葬」である。家族葬の場合には、葬儀社の紹介で僧侶を呼ぶことも多いが、直葬となれば、僧侶が呼ばれることはほとんどない。

墓地もなくなる

こうした葬儀の簡略化は時代の趨勢であり、後戻りすることがないところまで来ている。残る課題は、火葬されて残る遺骨の問題である。

現在の日本では、土葬が禁じられているわけではないが、ほとんどの地域で規制されており、ほぼ100パーセントが火葬される。そうなると、遺骨が残り、それをどこかに葬らなければならなくなる。

墓にかかる費用はかなりのものである。しかも、核家族化の傾向が著しく、墓守を確保することが難しくなっている。

となると、従来のような墓を造らないという方向が選択されるようになる。その方法としては、海や山に砕いた骨を撒いてしまう散骨、自然葬が代表だが、遺骨を手元において おく手元供養や、人工衛星に載せて打ち上げる宇宙葬などもある。あるいは私が提唱している「0葬」というやり方もある。これは火葬場で遺骨を引き取らないものである（「0葬」

について詳しくは、『0葬――あっさり死ぬ』（集英社文庫）を参照）。

ただ、現在において、もっとも広く選択されているのが、「永代供養墓」である。これは、納骨堂に遺骨を収めるものだが、当初、一定の費用を永代供養料として支払うことで、墓守がいなくても、墓を求められるシステムになっている。従来の墓だと、管理料を支払い続ける墓守がいないと買うことができないのだ。

永代供養墓は、供養という要素が含まれるために、基本的に、ほとんどが寺院に設けられる。ただ、その際には、寺との間に檀家関係を結ぶことはない。そこが、一般の寺院墓地に葬るというときとは異なるのである。

もっとも、一般に民間霊園、民間墓地と言ったとき、その運営主体は寺院であることがほとんどである。それは、墓を造ることができるのが、法的に地方自治体、宗教法人、財団法人に限られるからである。宗教法人の運営でも、宗教や宗派を問わないことが多く、そうしたものは民間霊園としてとらえられている。

檀家の消滅

寺の側から戦後に起こったこうした事態をとらえてみると、どうなるのだろうか。

寺といっても、その事情は、地方にあるものか、都会にあるものかで大きく異なる。

最近、『寺院消滅』という本が出て話題になったことについてはすでにふれたが、地方の寺院の場合には、檀家《だんか》の数が減少することによって、経営が成り立たなくなったところが次々と出ている。

それは、高度経済成長が始まっていたときから、すでに起こっていたことである。都会に労働力として地方の人間が出ていけば、人口は減り、過疎化という事態が生まれた。その傾向は逆転することなく、今日まで続き、より事態は深刻化している。

さらに、地方の寺院の場合には、戦後の農地改革によって、土地を奪われたことも大きい。土地を農地として小作に貸し出していれば、それが収入に結び付く。ところが、土地を奪われてしまったために、葬式からあがる収入に頼るしかなくなった。葬式仏教と言われるような状況に寺院が立たされたのは、実は戦後になってからのことなのである。

一方、都会の場合には、繁華な地域に土地をもっていた寺院は、農地改革の影響も受けず、地代で維持することが可能である。東京の浅草寺や吉祥寺にある寺院などは、地代によって経済基盤を確保している。

そうでない寺院の場合にも、都会の便利なところにあるならば、墓地の永代使用料はかなりの額になる。それに応じて、葬式から得られる収入も多くなる。しかも、バブルの時代には、それが高騰した。

しかし、バブルが崩壊してから四半世紀が過ぎた今の時代になると、状況は変わりはじめている。すでに述べたように、葬式の簡略化は時代の趨勢で、その動きは加速されている。永代供養墓が人気になることで、従来型の墓を求める家は少なくなり、新たに寺の檀家になる家もほとんどなくなった。

年忌供養を中心とした法事、法要は、寺にとっては重要な収入源であるはずだが、近年では、都会ではほとんど年忌供養は行われなくなっている。一周忌だろうと、三回忌だろうと、墓参りをしてそれで済ませてしまう家が増えてきた。

その点では、都会の寺も安泰とは言えない。今は、永代供養墓を設けることで、経営基盤を安定させることも可能だが、果たしてそれがいつまで続くのか、それは未知数である。しかも、一番人気なのは、墓参りに訪れたとき、機械式で骨壺が入った箱が、墓参りに訪れた人間の前に出てくるものだが、これはハイテク技術が用いられている分、維持費がかかる。

それに、土地の関係もあり、次々と永代供養墓を設けるわけにもいかない。永代供養墓が満杯になれば、もうそこから収入は入ってこないのである。

今や、葬式仏教というあり方は根本的な危機を迎えつつある。高度経済成長は、村の共同体を破壊し、人々を共同体から追い出すことによって、地方寺院の維持を困難にしてきた。その波は、都会の寺院にも及ぼうとしているのである。

終章

恐るべき未来

——高度資本主義が、宗教と人類を滅ぼす日

パリのテロ事件は何を意味するか

2015年、フランスでは2度にわたるテロ事件が起こった。

それは、フランス国民を震撼させただけではなく、世界の人間に、依然として「テロの時代」が続いていることを印象づけた。

1989年に起こったベルリンの壁崩壊以降、冷戦構造は崩れ、一時期世界には根本的な平和がもたらされるのではないかという期待も生まれた。

だが、その期待は、2001年9月11日に起こったアメリカでの同時多発テロによって、もろくも裏切られることとなった。20世紀は、世界全体が戦争に巻き込まれた「戦争の時代」であったが、21世紀はテロの時代の様相を呈するようになる。フランスで起こった2度のテロによって、その印象はより強まったのである。

冷戦構造の崩壊とテロの時代とのあいだには密接な関係がある。

冷戦が続く時代においては、世界は東と西の二つの陣営に分かれ、共産主義と自由主義、社会主義と資本主義の陣営がそれぞれ対立していた。

ベルリンの壁崩壊は、東の陣営の頂点にあったソビエト連邦を解体し、東と西との対立に終止符を打つとともに、世界を一つに結びつけていった。そこから、グローバル化という事態が一気に進んだのである。

ロシアや東ヨーロッパの諸国では、国家を支配してきた共産党が解体され、自由主義、資本主義が導入された。中国では、共産党の一党独裁の体制は維持されたものの、市場経済が導入された。それによって、こうした国々では急速な経済成長が実現され、その波は世界全体に及んだ。資本主義が対象とする市場が一気に拡大し、新たに経済発展の余地が生まれたのである。

急速な経済の発展は、それぞれの社会に生きる人たちに均等に利益を与えるのではなく、そこに格差を生み出していく。

そのとき、救いを与えてくれるのが新しい宗教運動ということになる。日本の高度経済成長の時代には、創価学会をはじめとする日蓮系の新宗教が勢力を拡大したが、冷戦構造崩壊以降に経済発展をとげた国ではキリスト教プロテスタントの福音派が、どこでも信者を増やしていくこととなった。中国やブラジルの場合が、その典型である。

先進国の場合には、すでにその段階は経験しており、依然として人口の増加による経済発展が続いているアメリカを除いて、福音派がとくに勢力を拡大する傾向は見られない。日本でも、日蓮系新宗教には翳りが見えている。

ヨーロッパの場合には、冷戦が続く時代に、労働力の不足を補うために、旧植民地などからの大量の移民を受け入れた。フランスにおける栄光の30年のような時代には、不足する労働力を補う必要があり、その点で、移民は歓迎された。

しかし、そうした国々でも、急速な経済発展には終わりがもたらされた。フランスの栄光の30年も1975年前後には終焉を迎える。オイル・ショックによって、それまで低く抑えられていた原油価格が上昇し、それは先進国の経済発展にブレーキをかけることになったのだ。

そうなると、それぞれの国の人間と移民とのあいだで仕事の奪い合いという事態が生まれた。それは、グローバル化によって加速されていく。仕事の奪い合いは国境を越え、世界全体で展開されることになったからである。当然それは、先進国における失業率の上昇という事態に発展する。

しかも、移民の多くがイスラム教徒であることが、彼らの社会への統合を妨げる結果になった。

それは単純にキリスト教とイスラム教との対立としてはとらえられないものである。教えが異なるから両者が対立するわけではない。むしろ、キリスト教世界とイスラム教世界における社会のあり方の違いということが、イスラム教移民の、移民先の社会への統合を難しくしている。

キリスト教の場合には、「神のものは神に、カエサルのものはカエサルに」という新約聖書のことばが示しているように、宗教の領域、神聖な世界と、俗なる領域、世俗の世界とを厳格に区別する傾向が強い。それを反映して、宗教の定義として用いられることが多いエミール・デュルケムのものでは、聖と俗との区別に宗教の本質が求められていた。

その傾向は、とくにカトリックの信仰において顕著である。ローマ教皇を頂点とするカトリックの教会制度は、それ自体で自立した世界を形作り、世俗の世界の方は、一般の法律によって支配されることになる。それによって、教会の法と世俗の法が衝突したり、お互いの領域を侵犯することはないのである。

それに対して、イスラム教世界の場合には、社会システムの基盤にイスラム法、シャリーアがある。これは、神のメッセージであるコーランと、預言者ムハンマドの言行録であるハディースを法源とするもので、一般の法律のもとになるとともに、社会生活を送る上での規範、あるいはエチケットの領域にまで及んでいく。つまり、イスラム教徒であるということは、イスラム法に従って生きるということを意味する。そこでは、宗教生活と世俗の生活とは分離されていないのである。

そうである以上、イスラム教徒が、ヨーロッパの社会に溶け込んでいくことは難しい。とくにフランスのように厳格な政教分離を求めることは、必然的にイスラム教と対立することになる。

たとえば、問題になってきた、イスラム教徒の女性がスカーフを被るという行為は、イスラム教徒にとっては社会生活を送る上で欠かせない日常的な行為であり、ことさら信仰を誇示することを目的としたものではない。

ところが、フランスの社会は、それを信仰の誇示としてとらえ、公共の領域において、スカーフを被ることを禁じる方針を打ち出した。これでは、イスラム教徒の社会的な統合は実現されないのである。

したがって、フランスの場合には、カトリックの信仰とイスラム教の信仰が対立しているのではなく、世俗主義とイスラム教が対立する関係におかれている。他のヨーロッパの国々では、フランスほど厳格な政教分離を求めるところは少ないが、イスラム法に従った生活を送れば、姿形からして目立つし、礼拝を行えば、どうしてもその行為が注目を集めてしまうのである。

一方で、キリスト教の信仰が衰えていることも、イスラム教の発展を際立たせることに結びついていく。維持が難しくなったキリスト教の教会は売られ、モスクに変わっている。すでに取り上げたスペインのカタルーニャ州にあるサルト市では、大規模なショッピングモールがモスクとして買われようとして、大きな騒ぎを巻き起こした。

移民が担うのは、ヨーロッパの人たちが嫌う低賃金労働であり、肉体労働である。その点で、移民を追い出すなどということは、今や不可能になっている。

にもかかわらず、イスラム教徒の数はこれからも増え続けていく可能性が高い。テロが起これば、移民排斥の声は高まる。それは、さらなる社会的な対立の根になり、ひいてはテロを生む温床にもなっていくのである。

テロの実行犯たちについて、彼らを敬虔なイスラム教徒としてとらえていいかは問題である。彼らがテロを実行する際に、「神は偉大なり」を意味する「アッラーフ・アクバル」

と叫んだとも伝えられているが、これは常套句で、アメリカ人が「ジーザス」と頻繁に口にするのと変わらない。

実行犯のなかに、それまで一般的な世俗の生活をしていたのが、あるときから信仰に目覚めたと伝えられる人間たちがいる。それは、アメリカでの同時多発テロの実行犯にも見られることだった。その点では、イスラム教の信仰の目覚めが、テロに結びついたとも言える。

しかし、そうした回心は、かつて日本で学生運動が盛り上がったときに、ノンポリの学生が、セクトのメンバーのオルグなどを受け、ある日突如として政治に目覚め、セクトのメンバーとして活動するようになるのと似ている。それは、信仰を獲得したというよりも、政治的なイデオロギーに目覚めたととらえる方が現実に即しているのではないだろうか。

神の意思にそった「正しい生き方」

冷戦が続いている時代には、共産主義が政治的なイデオロギーのバックボーンとして機能した。資本主義の社会に対して批判的な行動をとろうというとき、自分たちの立場の正当性を共産主義のプロパガンダ（宣伝行為）にもとづいて主張することができた。

ところが、冷戦が終焉を迎えたことで、共産主義のイデオロギーに立脚して自己の正当性を主張することはできなくなった。その際に、今の世界で、正当性の源泉となるものとしてもっとも有力なのがイスラム教であるということになる。

イスラム教には、すでに述べたように、イスラム法という根本的な原理があり、それは、唯一絶対の神によって下されたものと考えられている。イスラム教を信仰する人間は、そのイスラム法に従って生きることになるわけで、それは神の意思にそった「正しい生き方」になる。キリスト教や他の宗教では、そうした正しい生き方を明確な形では示してくれないのである。

フランスの同時多発テロについては、イスラム国（ＩＳ）との関連が指摘されている。今の時点で詳細は明らかになっていないが、ＩＳが行ってきたことは、いかにイスラム法に忠実であるかということであり、多神教徒を殺害することや偶像の破壊などは、イスラム法によって正当化される。それが彼らのプロパガンダであり、それによって、現在のイスラム教の世界でも、多くの人間が、いかに教えから逸脱しているのかを示そうとしている。それが、自分たちは正しいと主張したい若い世代を引きつける大きな要因になっている。

こうした状況から考えれば、これからもテロが起こる可能性はある。

その際にテロリストは、自分たちの正当性をイスラム教の教えにもとづいて主張することになるだろう。ところが、テロが起これば、ヨーロッパを中心にイスラム教徒排斥の動きが高まり、それがイスラム教徒の社会統合をいっそう困難なものにしていく。そうなれば、さらにテロの可能性は高まる。しかも、イスラム教徒の数はこれからも確実に増え続けていくのである。

こうした問題がこれからどのような展開を見せていくかは極めて重要な事柄だが、今の段階でははっきりとした見通しを得ることは難しい。それはおそらく、世界における宗教の未来というものと密接に関係していくことだろう。

宗教の未来を予測する三つの視点

ここまで見てきたことを改めて振り返るならば、現在の世界における宗教の状況について、三つのポイントを指摘できる。

一つは、ヨーロッパや日本などの先進国で起こっている宗教の急速な衰退という現象である。それは、伝統的な既成宗教に起こっていることだが、同時に新宗教にも起こっている。要は、先進国の社会は世俗化、無宗教化の方向にむかっているのである。

もう一つ、経済発展が続いている国では、プロテスタントの福音派を中心に、新しい宗教が勢力を拡大している。これは、戦後の日本社会で起こった日蓮系新宗教の拡大と共通した現象であり、産業構造の転換による都市化が決定的な要因になっている。

福音派の拡大は、共産主義を標榜する中国にまで及んでいる。ただ、経済成長に歯止めがかかると、福音派などの新宗教の伸びが止まる可能性が高い。それは、日本ではすでに1970年代半ばに起こっていることで、韓国でも戦後急成長したキリスト教の伸びはすでに止まっている。中国では、これまでの驚異的な経済発展にブレーキがかかる状況が生まれており、それは、宗教にも大きな影響を与えることだろう。低成長の時代に入れば、今度は宗教の衰退という局面が待っているのだ。

三つ目として、イスラム教の拡大ということがあげられる。ヨーロッパでは、移民を中心としたイスラム教徒が増え、「ヨーロッパのイスラム化」が危機感をもって語られるようになっている。

シャルリー・エブド事件が起こった当日に刊行されたミシェル・ウエルベックの小説『服従』(河出書房新社)は、イスラム教の勢力が拡大していく未来のフランスを舞台にしたもので、主人公もまた、イスラム化した大学での職を得るという目的はあるものの、イスラム教に改宗していく。

この小説に出てくるフランスのイスラム教徒は当たり前のようにワインを飲むなど、著者がいったいどこまでイスラム教のあり方を正しく理解しているのか、疑問を抱かせる部分も少なくない。ただ、ヨーロッパ全体がそれほど遠くない将来にイスラム化していくことに対して、はっきりとした危機意識が生まれていることが、こうした小説を誕生させることに結びついたのである。

イスラム教さえも消えていく

イスラム教の世界においては、すでに述べたように、聖と俗が一体化しており、キリスト教の世界における形では世俗化は進行しない。キリスト教では、宗教の領域と世俗の領域は明確に区別されているが、イスラム教ではそうなっていないからだ。イスラム教には禁欲という側面はないし、個人の内面の信仰は問われないので、キリスト教の信仰とはそもそもあり方が異なるのである。

イスラム教の世界で今起こっていることは、世俗化ということではなく、イスラム法の現代化、あるいは資本主義化としてとらえた方がいいのかもしれない。

これは、実はキリスト教についても共通して言えることで、それはさらにアリストテレスにも遡ることとなのだが、利子というものは禁じられている。キリスト教の世界でも長い間、少なくとも近世に入るまで、利子をとって金を貸す行為は罪深いものと考えられていた。したがって、金貸しが自らの死に際して、死後に天国に行けるよう、利子を返却するよう遺言するということが行われていた。

イスラム教では、イスラム教の復興が起こっている現代になって、この問題が改めてクローズアップされるようになり、利子をとらない「イスラム金融」が生まれている。それは、事業に投資する側が銀行と共同で出資し、利益が出たら折半し、損失ができたときには、それを双方でかぶるというやり方をとるものである。

あるいは、イスラム法の定める食物規定に従った食物であるかどうかを認定する「ハラール認証」というものも広く行われるようになってきた。これについては、神ではない人間が権威として振る舞うものであり、そもそもイスラム教の教えに反しているという見解もあるが、グローバル化が進むなかで、イスラム教徒の旅行者が安心して食事ができるということで広がりを見せている。

イスラム法の法源となるコーランやハディースは、イスラム教が誕生した時代に生まれたもので、それを現代に適用するには、解釈という作業を必要とする。どの解釈を採用するのか、最終的な権限をもつのは「カリフ」だけだが、現在のイスラム世界にはカリフは不在である。そのため、イスラム教の指導者や法学者がそれぞれの立場から異なる解釈を施し、イスラム法を現代に適応させようとしているのが現状だが、その分、イスラム教には柔軟性があるとも言える。

イスラム金融やハラール認証が定着していくのも、そうした状況を反映してのことだが、その傾向はこれからもより強いものになっていくだろう。それは、イスラム教の本来のあり方から逸脱しているというとらえ方もできるが、決して金儲けや現世での享楽を否定しないイスラム教のあり方からすれば、必然的な動きであるとも言える。

おそらく、イスラム教はそうした形で現代社会に適応し、その姿を変えていくことになるであろう。ヨーロッパのイスラム化と言ったときにも、それは中世のイスラム教社会に戻るということを意味しない。たとえば、イスラム革命が起こったイランでは、革命直後とは異なり、イスラム法に徹底的に従おうという空気が緩んでいる。そうしたことは、イスラム教が広がりを見せれば、必然的に起こることである。

要するに、これからの世界において、先進国ではいっそうの無宗教化、世俗化が進んでいくはずだ。現在、経済発展が続く国々でも、経済成長には軒並みブレーキがかかっており、低成長の時代に入っていく兆しが見えている。そうなれば、宗教に関しても、先進国と同じ道をたどっていくことになる。そして、イスラム教はこれからも拡大し、キリスト教を抜いて世界で第1位の宗教になるであろうが、その内部において現代化が進んでいくはずで、それは、イスラム教のあり方を変容させていくに違いない。

つまり、世界全体において、宗教はその力を失い、無宗教化していく傾向が著しくなっている。あるいは、イランのイスラム革命とその後のイスラム復興の動きは、人類史において、宗教が力を取り戻そうとする最後の試みであったのかもしれない。

日本が迎える無縁社会

人類は、今や宗教なき世界へむかっている。その動きは、近代に入ってから生まれたものだが、それが近年になって勢いを増している。人類は、宗教をすでに必要としなくなっているのかもしれないのだ。

宗教なき世界とはどういうものなのか。

それは、すでに先進国の人間が経験していることであり、無宗教を標榜する私たち日本人にも決して無縁なものではない。

日本の無宗教は、ヨーロッパの無宗教とは異なり、宗教とのかかわりをまったく失ってしまう形にはならず、仏教の寺院や神道の神社とのかかわりは消えていない。

だがそれは、あくまで一つの習俗であり、内面の信仰とは関係をもたないものである。最近の日本社会において、キリスト教への関心そのものが薄れているのも、そうしたことが関係している。キリスト教は、信仰者の内面のあり方を問う宗教である。少なくとも日本で受容されたキリスト教にはその傾向が強い。

こうした世界の無宗教化の背景には、資本主義の展開ということが深くかかわっている。資本主義は、絶えず市場の拡大をめざし、世界全体を生産のための、そして消費のための市場とする方向に突き進んできた。

第2次世界大戦後には、とくに労働力の確保のため、それぞれの国内では地方から都市への、旧植民地をもつ国々の場合には、旧植民地から旧宗主国への大量の人口の移動という事態が生まれた。それによって、都市は巨大化していったが、地方や旧植民地では、人口の減少によって共同体の崩壊という事態が生まれた。

日本の場合で言えば、そこには少子化、高齢化による人口の減少という事態が伴っている。それによって、村のような共同体は力を失い、一時は村の代替物として機能した企業も共同体の性格を失いつつある。

さらには、共同体の最小単位とも言うべき家族でさえ解体の危機にある。単身者世帯は増加し、生涯にわたって結婚せず、家庭をもたない人間が増えている。高度資本主義社会は、たしかに「お一人様」でも生きられる社会になっているが、単身者世帯は決して再生産されない。そこで一般の家族とは決定的に異なるのである。

この傾向がより著しくなったとき、果たして社会は維持されていくのだろうか。資本主義は、社会の最小単位を家族から個人へと狭めることによって、社会を成り立たせる基盤を失いつつあるようにも見える。

資本主義は行き着くところまで行き着いた。さらなる市場の拡大は、現実的には不可能なところまで来ている。そのなかで、伝統的な社会システムは解体され、個人が共同体とは無縁な生活を送る状況が生まれている。

資本主義はそこまで貪欲に資本の蓄積を行ってきたとも言える。ロボットが労働を担い、社会のあらゆる側面が自動化された時代において、人間という存在は本当に必要なものなのだろうか。人間を必要としない社会のなかには、人が生きる余地などないのだ。

そうなれば、人類社会の存立も難しくなる。高度資本主義こそが、人類社会にとっての脅威なのかもしれない。宗教が消滅する世界は、あるいは人類が消滅する世界なのかもしれないのである。

あとがき

私は現在、東京女子大学で非常勤講師として教えているが、２０１４年度の後期に「宗教と現代社会」という科目を担当した。

この授業を進めるときに、この際だから世界の宗教が今どういった状況にあるかを見ていきたいと考えた。そこで、さまざまな国や地域において宗教をめぐる状況がどうなっていて、どのような変化をとげつつあるのかを調べていったのだが、そこには予想以上に大きな変動が起こっていることがわかってきた。

それがいかなるものかは、本書のなかで綴ってきた通りだが、それをまとめていくと、現代という時代が宗教の大変動期であることがわかってきた。

その点について、多くの人たちは断片的に知っているだろうし、多様な情報に接しているはずだ。

しかし、その変化や変動の意味を知るには全体をとらえる必要がある。ある国や地域で起こっている変化は、そこだけに限定されるものではない。世界の宗教が大きく動いているからこそ、個別の地域で顕著な変化が見られるわけで、全体像の把握はぜひとも必要なことなのである。

なぜそうした大きな変化が起こっているのか。

そこには、資本主義のおかれた今日的な状況が深くかかわっている。東西の冷戦が終焉を迎えたときには、資本主義が世界全体に広まり、それによって自由で豊かな社会が各地に拡大されていくと信じられた。

しかし、冷戦の崩壊がもたらした経済のグローバル化は、必ずしも豊かさだけをもたらしたわけではない。経済格差や貧困、そして、異なる宗教を信仰する人々のあいだでの対立や抗争をもたらした。

経済は無限に発展し続けるものではない。ある程度の豊かさが実現されれば、高度な発展には終焉がもたらされる。資本主義は、市場を拡大することで発展していくものだが、市場の拡大にはどうしても限界があるからだ。

経済と宗教とは深く連動している。とくにそのことは、現代の社会において明確になってきたのかもしれない。宗教は、日本人の多くが考えるように、たんにこころの問題ではなく、社会の動きと密接な関係をもっているのだ。

経済学の分野では、昨今、資本主義の終焉ということが強く言われるようになってきた。資本主義が終焉を迎えるということは、それと深く連動してきた宗教にも根本的な変化がもたらされることを意味する。それはどうやら、宗教の消滅という方向にむかいつつあるのである。

資本主義の先に何があるのか。それを考える上においても、宗教の動向を見ていくことは不可欠である。本書が人類社会のこれからを考えていく上で、少しでも役立てば幸いである。

2016年1月　島田裕巳

◎参考文献

『宗教年鑑』文化庁宗務課
『都市的世界』鈴木廣（誠信書房）
『21世紀の資本』トマ・ピケティ（みすず書房）
「『司祭年』を迎えて思うこと」青山玄『ヴァチカンの道』第21巻第2号
『新宗教における高齢化の問題—老後の経験の諸相』アイリーン・バーカー、高橋原訳（『現代宗教2014』）
「世界と日本のムスリム人口　2011年」店田廣文『人間科学研究』第26巻第1号
『韓国とキリスト教—いかにして〝国家的宗教になりえたか』浅見雅一・安廷苑（中公新書）
『ザ・ワールド・ファクトブック』CIA
『北京報道七〇〇日—ふしぎの国の新聞特派員』古森義久（PHP研究所）
『寺院消滅—失われる「地方」と「宗教」』鵜飼秀徳（日経BP社）

『プロテスタンティズムの倫理と資本主義の精神』マックス・ヴェーバー、大塚久雄　訳（岩波文庫）
『共産党宣言』マルクス、エンゲルス（岩波文庫）
『経済学の考え方』宇沢弘文（岩波新書）
『グローバル資本主義の危機』ジョージ・ソロス、大原進訳（日本経済新聞社）
『道徳感情論』アダム・スミス、水田洋訳（岩波文庫）
『国富論』アダム・スミス、山岡洋一訳（日本経済新聞出版社）
『資本主義と自由』ミルトン・フリードマン、村井章子訳（日経ＢＰ社）
『資本主義の終焉と歴史の危機』水野和夫（集英社新書）
『現代の県民気質――全国県民意識調査』ＮＨＫ放送文化研究所編（ＮＨＫ出版）
『古寺巡礼』和辻哲郎（岩波文庫）
『服従』ミシェル・ウエルベック（河出書房新社）
『戦後日本の宗教史：天皇制・祖先崇拝・新宗教』島田裕巳（筑摩選書）
『創価学会』島田裕巳（新潮新書）
『八紘一宇――日本全体を突き動かした宗教思想の正体』島田裕巳（幻冬舎新書）

『世界はこのままイスラーム化するのか』島田裕巳、中田考（幻冬舎新書）
『日本の10大新宗教』島田裕巳（幻冬舎新書）
『0葬――あっさり死ぬ』島田裕巳（集英社文庫）

著者略歴

島田 裕巳 (しまだ・ひろみ)

1953年東京生まれ。宗教学者、文筆家、東京女子大学非常勤講師。

東京大学大学院人文科学研究課博士課程修了。放送教育開発センター助教授、日本女子大学教授、東京大学先端科学技術研究センター特任研究員を歴任。主な著作に、『創価学会』(新潮新書)、『日本の10大新宗教』、『葬式は、要らない』、『浄土真宗はなぜ日本でいちばん多いのか』、『靖国神社』、『八紘一宇』、『世界はこのままイスラーム化するのか (中田考・共著)』(以上、幻冬舎新書)、『ブッダは実在しない』(角川新書) など多数。とくに、『葬式は、要らない』は30万部のベストセラーになる。『プア充』(早川書房)、『0葬』(集英社) などは、大きな話題になるとともに、タイトルがそのまま流行語になった。

SB新書 332

宗教消滅《しゅうきょうしょうめつ》

資本主義《しほんしゅぎ》は宗教《しゅうきょう》と心中《しんじゅう》する

2016年2月15日 初版第1刷発行
2016年3月12日 初版第3刷発行

著 者 島田裕巳《しまだひろみ》

発行者 小川 淳

発行所 SBクリエイティブ株式会社
〒106-0032 東京都港区六本木2-4-5
電話:03-5549-1201(営業部)

装 幀 長坂勇司 (nagasaka design)
組 版 白石知美 (システムタンク)
本文デザイン 二神さやか
校 閲 鴎来堂
編集担当 坂口惣一
印刷・製本 大日本印刷株式会社

落丁本、乱丁本は小社営業部にてお取り替えいたします。定価はカバーに記載されております。本書の内容に関するご質問等は、小社学芸書籍編集部まで必ず書面にてご連絡いただきますようお願いいたします。

ISBN 978-4-7973-8548-9